sapientia
サピエンティア 24

政党支配の終焉

カリスマなき指導者の時代

Il Partito Personale

マウロ・カリーゼ［著］
村上信一郎［訳］

法政大学出版局

Mauro Calise
IL PARTITO PERSONALE
I due corpi del leader

緒言

旧版の刊行からもう一〇年もたつのに、「パーソナル・パーティ」は今もってイタリアの政治システムに君臨しつづけている。ベルルスコーニが築いたモデルは幾多の嵐を耐え抜いたばかりか、与野党を問わず他の政党にまで悪影響を及ぼしている。政党の人格化《パーソナリゼーション》は、政治指導者だけの現象ではない。イタリアの古い伝統である個別主義《パティキュラリズム》が息を吹き返すなか、市民社会の底辺にも広がりを示している。全国レベルのマクロ・リーダーの他にも、自前の軍団をそなえた地方レベルのミクロ・リーダーがすでに数百人もいるのである。キリスト教民主党やイタリア共産党といった巨大政党が君臨したイタリアは完全に終わったように思われる。たとえベルルスコーニが失脚しても、昔のイタリアが戻ってくることは絶対にないだろう。

新版は旧版の内容をほぼそのまま残すことにした。それが第I部と第II部である。旧版は今でも驚くほど現実に即していることは事実が証明している。ただ、新版では序論と第III部を加えることにした。第III部では旧版の刊行後生じた新たな事態を俎上に載せた。ベルルスコーニがたどった軌跡を分析するだけではなく、ベルルスコーニ現象がすでにそのプロメテウスたるベルルスコーニ本人の命運を越えたものとなったことを明らかにしていきたい。結論については、最後の数頁だけを書き換えることにした。ベルルスコーニの魔法に目が眩んでいる時に書いたものだったからである。今では他の国々でも同じような現象が見られることが明らかになっている。どの国でも王の政治的な身体が衰える一方、王のもう一つの身体が甦って優位に立とうとしているのである。

政党支配の終焉――カリスマなき指導者の時代◎目次

イタリア州地図

トレンティーノ・
アルト・アディジェ
ヴァッレ・
ダオスタ
トレント
フリウリ・
ヴェネツィア・
ジュリア
ミラノ
トリエステ
トリノ
ヴェネト
ロンバルディア
ヴェネツィア
ピエモンテ
ジェノヴァ
ボローニャ
エミリア・
ロマーニャ
リグーリア
フィレンツェ
アンコーナ
トスカーナ
ペルージャ
マルケ
ウンブリア
アブルッツォ
ラツィオ
ラクイラ
モリーゼ
カンポバッソ
ローマ
バーリ
ナポリ
プーリア
ポテンツァ
サルデーニャ
バジリカータ
カンパーニア
カリアリ
カラーブリア
カタンザーロ
パレルモ
シチリア

序論　一〇年後

「パーソナル・パーティ」の成功は、シルヴィオ・ベルルスコーニのしぶとく延々と続く人生の浮き沈みと切り離せない。パーソナル・パーティが流行語となったのも彼のおかげだ。ベルルスコーニがいなくなれば、彼のパーソナル・パーティである「自由の家《カーザ・デッラ・リベルタ》」はどうなるのだろうといまや誰もが考えるようになっている。だがその答えも、騎士《カヴァリエーレ》ベルルスコーニ個人の運命と切り離せない。パーソナル・パーティはその創設者にして家長《パードレ・パドローネ》がいなくなっても何とか生き残ることができるのだろうか。それとも跡目争いもできずに自滅してしまうのだろうか。世間の最大の関心事はそこにあるが、それもベルルスコーニの命運にかかっている。

本書は、ベルルスコーニへの賛否を問わず、あらゆる読者に次の事実に目を向けてほしいと考え、著したものである。シルヴィオ・ベルルスコーニが巨大な金融・メディア・組織の総力をあげて創設し、ほんの数か月で確立をみた新しいタイプの政党によって、イタリアの政治の舞台はいまだに占領され、条件づけられている。ベルルスコーニは構造・人材補給・イデオロギーの点でまったく新しいタイプの政党を手に入れたおかげで、苦難の日々を耐え抜いたばかりか、三度もキジ宮殿（首相官邸）の征服に成功するなど、イタリアの政治システムにおける比類なき専制君主《ドミヌス》の座に一五年も留まりつづけているのである。

すでに初版でも指摘したことだが、政治の人格化《パーソナリゼーション》はたんにベルルスコーニが創設した新しいタイプの政党だけではなく、多様な形をとりつつもイタリアのすべての政党に及んだのである。実際ベルルスコーニの新型軍《ニュー・モデル・アーミイ》以外にも、市長の政党、名望家の政党、首相と直結した政党という三つのタイプのパーソナル・パーティが現れた。また、この一〇年間にこれら三つのタイプにも浮き沈みがあった。

新しい市長を選挙や行政の場で支持するパーソナル・パーティは、地方選挙法が市長の任期を二期までとしていたせいで退場を余儀なくされた。いわゆる「市長の春《プリマヴェーラ・デイ・シンダチ》」は終焉を迎え、このタイプのパーソナル・パーティは忘れ去られてしまった。だが市長の座はいまなお国政レベルの政治家に跳躍するための重要なトランポリンである。とくに大都市の市長は、メディアに登場したり中央の政治ゲームに加わって注目を集めるばかりか大きな影響力を発揮できるので、国政レベルへ進むための重要な中継地となっている。その場合も、パーソナル・パーティのいちばん重要な特色は消えていない。市長たちは在任中に自らの支持基盤を梃子に自前の政党を創ることで、中央政界の有力者《ノメンクラトゥーラ》の干渉に抵抗して自分の自律性を求めたり守ったりしようとしたからである。

市長のこうした能力や姿勢はあっというまに州知事にまで拡がった。今日、州知事は国政レベルでも重要な司令塔となっている。州知事は州議会との関係において独立性をますます強めていき、いまや莫大な財政資源を自分の地域政党に注ぎ込んでいる。しかし単独支配者《モノクラティコ》とはいえ、州知事が自分たちの言い分に耳を貸さなければ、地域政党も黙ってはおらず、あれこれ文句をつけるのである。(1)

数か月まえにイタリア最大の州で州知事を中心に全国政党を創る計画が浮上したのも驚くことではない。「南部党《パルティート・デル・スッド》」の試みである。単一の綱領をそなえ州の壁を越えた広範な支持層を有する政党を結成する狙いがあった。この種の政党の結成が試みられたのは州知事選挙が新たな政治のアリーナとなったからだ。州知事がピラミッド型の行政組織の頂点に立ち、人材調達機構を直接支配することで強大な権力を掌握したからである。その一方で、この政党は昔の傭兵や南部政治に典型的な名望家の便宜供与《パトロネージ》という旧来の回路にも依拠しつづけたのである。

ところで、イタリア人に最も愛され、それゆえ最も憎まれた検事の不屈のパーソナリティと結びついて大成功したパーソナル・パーティも、今までの例に劣らず重要である。構造汚職の摘発に辣腕をふるった元検事アントニオ・ディ・ピエートロ率いる「価値あるイタリア《イタリア・デイ・ヴァローリ》」が完全な全国政党となるには紆余曲折があり、何年もの歳月を要した。周知のごとく、この政党は民主党の指導者たちのとんでもない誤算から生まれた。「民主党」(PD)は、危険極まりない競争相手を飛ぶ鳥を落とす勢いの同盟者に変身させてしまったのである。ディ・ピエートロは新たなメディアの回路をもっており、最も戦闘的な世論を動員する能力があったのも事実だ。かくも巧妙かつ革新的にブログを使いこなした政党は他に例をみない。ここからも政治の人格化にはいくつもの契機があることがわかる。もはやテレビやトークショーだけがその契機とはいえないのである。

メディアによるパーソナル・パーティ、縁故主義《クライエンテリズム》によるパーソナル・パーティ、カリスマによるパーソナル・パーティの他に、もう一枚の切り札がある。それが「首相党《パルティート・デル・プルミエ》」だ。首相権力と直結した首相党は、すべての主要な民主主義国で大統領制化《プレジデンシャリゼーション》が起きたため生まれた。これは首相権力（行政府）が強くなって与党からも自律するにしたがって、政権運営や選挙運動でも首相だけがメディアの注目を集めるようになるという現象である[2]。

イタリアに初めて首相党が出現したのは、およそ一〇年前のことである。前首相ランベルト・ディーニが一九九六年の総選挙に際して設立した「ディーニの名簿《リスタ・ディーニ》」という政党である。小さいがとても重要な意味をもつ政党であった。しばらくしてロマーノ・プローディが同じことを繰り返した。だが前首相プローディが一九九九年に立ち上げた「民主主義者《イ・デモクラティチ》」にはより強固な基盤があったのでもっと長続きした。そして、ずっと先（二〇〇七年）になるが、最後は現在の「民主党」に合流する。政治学者のイルヴォ・ディアマンテが慧眼をもって直ちに気づいたように[3]、プローディに代わって一九九八年に首相となったマッシモ・ダレーマの戦略にも、大統領制化への動きがはっきりと示されていた。しかし、歴史的な大衆組織政党が弱体化してしまったために、やむをえずとられた応急措置でしかなかった。それが首相官邸の権力を利用して新政党を創設するきっかけとなりえたかは、もう誰にもわからない。当時のダレーマにもわからなかったにちがいない。いずれにせよ制度改革の構想力を持つ、たった一人の中道左派指導者であるダレーマが首相の座から降りてしまったせいで、制度改革が頓挫したのは紛れもない事実であった。

その一方で、いまや首相に膨大な資源の動員力があることで最大の恩恵を被っているのはシルヴィオ・ベルルスコーニである。それによって彼は、半分が自分の私有財産で半分が公共財産という二重の性格をもつパーソナル・パーティを立ち上げる大事業に成功した。こうして指導者の家産的な資源にすぎないパーソナル・パーティが国家の中枢機能と癒着するという異常事態が生じた。また、政治システムの多元性を変質させかねないいくつかの重大な決定も下された。ベルルスコーニは数多くの訴訟から自分や腹心たちを守るために「特定個人向け法律《レッジェ・アド・ペルソナム》」を制定したばかりか、国営と民間のテレビ放送網や日刊紙や出版物のほぼすべてを握ることにより、イタリアを単一政党支配体制《モノパーティ・レジーム》の国、つまり自分の国に変える一歩手前までたどりついたのである。

このようなパーソナル・パーティがイタリアの政治を徐々に植民地化することについては、悪魔化《デモナイズ》ないし犯罪視《クリミナイズ》するのが最も一般的な反応だった。シルヴィオ・ベルルスコーニでも、もっと小物の政治指導者でも、それは変わりなかった。だが、こうしたイデオロギッシュな反応は、政治の人格化が次の三つの方向に進み、政治システム全体に不可逆的に浸透していくという現実を隠蔽してしまった。

政治の人格化の第一の方向は、中道右派か中道左派かを問わず、指導者に関わるものであった。

中道右派の大物はみな、騎士ベルルスコーニの増長を阻止するために仲間内で候補者名簿を作ろうとした。だが中道右派の「国民同盟《アレアンツァ・ナツィオナーレ》」の指導者ジャンフランコ・フィーニは一時的に譲歩せざるをえなくなり、「キリスト教民主主義者中道連合《ウニオーネ・デイ・デモクラティチ・クリスティアーニ・エ・デイ・チェントロ》」（UDC）の指導者ピエル・フェルディナンド・カジーニも、ベルルスコーニの反撃によく耐えたものの苦境に陥ってしまった。他方、「北部同盟《レガ・ノルド》」の指導者ウンベルト・ボッシは是々非々的な対応をとりつづけた。それができたのも、北部同盟が今日のイタリアでは地域的基盤と強固な構造をもつ唯一の政党だったからである。それに北部同盟の方向性や体質は、まるで軍隊組織のごとく、すべてボッシが決定していたからでもあった。ボッシの権威主義的なカリスマが消滅したとしても、この政党が生き延びることができるとは、とうてい思えない。

中道左派でパーソナル・パーティという政党モデルの複製を作ろうとした試みは今まで二度あった。一度めの試みは、先述したアントニオ・ディ・ピエートロの価値あるイタリアで、今でもかなりの支持を得ている。二度めは、二〇〇八年総選挙に際して民主党のヴァルテル・ヴェルトローニが考案し実行しようとした、より複雑な試みであったが、結局は大失敗に終わった。

ヴェルトローニの試みは、わずか数か月とはいえ幅広い左翼支持層を元気にした。それなのに、なぜ大失敗に終わったのか。その原因は本書の第III部であらためて論じることにしたい。彼の作戦は、彼自身はっきりとはいわなかったが、政治の人格化の鍵となる二つの要素、すなわち上からの決断主義と下からの参加に依拠しようとした点でとても大胆なものであった。ヴェルトローニは、党の発信情報を集権化すればチャンスが生まれると考えた。より一般化していえば、党のコミュニケーションのすべての決定権を指導者に集中し、自分とメディアや有権者との関係を「人格化」することができるならば、うまくいくと考えたのである。それと同時に、小選挙区比例代表並立制から比例代表制に再度選挙法が改正されたこともあって、総選挙の候補者選抜と党幹部《ノメンクラトゥーラ》の任命を自らの専権事項とした。お人好しといわれてきたヴェルトローニは、してやったりとほくそ笑んだが、この意表を突く決定に、党の「屋根裏部屋《ロフト》」では政治局員《ポリトビューロー》（党本部役員）が、猛反撃の準備をすることになった。

　こうした超・統制主義《スーパー・ディリジスム》に正統性を与えるために、ヴェルトローニとその側近は予備選挙を利用しようとした。予備選挙で党首を選ぶ方式はすでにプローディも使っていたが、みんなが大歓声をあげて首相候補を承認するという儀式以上の役割は果たせなかった。しかし、ヴェルトローニは予備選挙による選抜を民主党の中央ばかりか底辺にまで拡大した。アメリカの政治的経験から確立した予備選挙のモデルは、大統領、州知事、市長のような単独支配者《モノクラシー》の候補を指名するときに限られていた。ところがイタリアの予備選挙はもはやそれにとどまらず、民主党州連盟代表の選抜にも義務づけられたのである[4]。

　予備選挙の考案者は市民社会《シヴィル・ソサエティ》から新鮮なエネルギーを吸収して民主党を再び活性化できるのではないかと期待していたが、まったく逆の結果となった。民主党はまだ結成されて日が浅く、党構造も著しく脆弱だったので、予備選挙のせいで党が派閥に分断されてしまったからである。机上で考案された予備選挙が上からの命令で底辺組織にまで移植されたことにより、政治の人格化のとてつもなく強力なもう一つの要素としっかり結びついてしまった。それは、地方有力者が自分の周りに築きあげた支持者のネットワークである。大は県知事や市長にはじまり、小は区会議員、市議会議員、州議会議員など有象無象の支持者からなるネットワークである。予備選挙の神話はこうしたミクロ・パーソナル・パワーという過酷な現実との妥協を余議なくされ、泥まみれとなってしまったのである。

指導者の人格化だけではなく、予備選挙やミクロ・パーソナル・ネットワークも政治の人格化を促す重要な要因となった。この二つの現象の捉え方には一つのイデオロギッシュなバイアスが潜んでいた。といっても両者は正反対の現象として理解されていた。予備選挙は、深い学識をそなえた政治学者やオピニオン・メーカーが、かろうじて生き残った政党の刷新と再建の手段として旗印に掲げたものであった。その一方で、彼らはミクロ・パーソナル・ネットワークを、投票や入党と引き換えに便宜を図ることで地域票を確保してきた旧キリスト教民主党系の地域ボスに典型的な縁故主義《クライアンテリズム》の残滓と考えていた。そればかりかメディアは、こうした善悪二元論の立場から、ミクロ・パーソナル・ネットワークに対するお手軽きわまりない闘いを煽っていた。すでに見てきたように、政治の人格化にはいくつもの矛盾した顔がある。だから、それをふまえた組織論がなければ解決策は見出せない。善悪二元論は、それがわかっていない政治学者やメディアの無能を隠蔽するものでしかなかったのである。

最大野党の民主党は、上からの政治の人格化に失敗したばかりか、予備選挙とミクロ・パーソナル・ネットワークを統合する能力もなかったために、ベルルスコーニの家産制と国家制度という二機のエンジンを搭載した「パーソナル・マシーン」に圧勝を許してしまったのである。ベルルスコーニはといえば、首相官邸、自らのパーソナル・パーティである「自由の家《カーザ・デッラ・リベルタ》」、さらにはメディアのほぼすべてを手中に収めており、いまや向かうところ敵なしであるかのように見える。だが、最も油断のならない敵がひとり待ち構えている。それは自分自身に他ならない。

政治の人格化は、全盛期に達すると、乗り越えられない限界を露呈しはじめる。指導者の肉体的な衰えであり、生物学的な死である。パーソナル・パーティは「公共圏」の征服に成功しても、今度は「親密圏」の迷宮に自閉していく。近年のベルルスコーニ主義がそれを証明している。政治イデオロギーが徐々に磨滅する一方、指導者個人の物質的《マテリアル》な身体ばかりが目立つようになっていく。

ベルルスコーニのセックスをめぐるスキャンダルやゴシップについては、うんざりするほどたくさんの報道がなされている。たしかに破廉恥で嘆かわしい。だが、ベルルスコーニのセックス・スキャンダルにはそんな毀誉褒貶を越えた意味がある。歴史を振り返ってみれば、それは政治的身体につきもののエピソードだということがわかる。したがって、あやふやで不確かな政治的身体がたどる放物線を視野に入れながら、その意味を考えていかなければならない。いいかえると、ベルルスコーニのセックス・スキャンダルは、集合的な家産制としての政治的身体が衰え、ポリスの頂点に立ったまま丸裸の肉体に戻ってしまったことを意味していたのである。

注

（1） F. Musella, *Governi monocratici. La svolta presidenziale nelle regioni italiane*, Il Mulino, Bologna 2009.

（2） T. Poguntke & P. D. Webb (eds.), *The Presidentialization of Politics. A Comparative Study of Modern Democracies*, Oxford University Press, Oxford 2005; M. Calise, *La Terza Repubblica. Partiti contro presidenti*, Laterza, Roma-Bari 2005.

（3） I. Diamanti, “Presidenti in cerca di ex partiti,” in *Il Sole-24 Ore*, 28 febbraio 1999.

（4） G. Pasquino (ed.), *Il Partito Democratico. Elezione del segretario, organizzazione e potere*, Bononia University Press, Bologna 2009.

第Ⅰ部

Il partito che non c'è

もはや政党は存在しない

第Ⅰ章　沈黙のスパイラル

イタリアの危機には一つの逆説がある。イタリアの危機の本質が政治システムの骨組みを築いてきた政党の衰退にあることは、衆目の一致するところである。ところが一九八〇年代の終わりまで、イタリアは諸外国において政党支配体制《パーティクラシー》、すなわち政党が圧倒的な支配力を持つ政治体制の国として知られてきた。たしかにこの言葉には侮蔑的な響きがあるが、その意味するところに誤解の余地はない。政治システムの主要な機能は政党によって担われてきた。政党が政治システムの濾過装置となるとともに、政治システムを条件づけてきたのである。いまやそうではないことは誰もが知っている。政党支配体制を支えてきた二大主要政党のキリスト教民主党（DC）と社会党（PSI）が消滅したからに他ならない。もちろん最大野党であったイタリア共産党（PCI）が根本的に変わってしまったからでもある。共産党は、今もなお生き延びてはいるが、イデオロギーをみても組織をみても、もう他の政党とさほど大きな違いはない。

ところが政党がこれほど大きく崩れかかっているというのに、政党がどう変わろうとしているのかについての分析はほとんどない。またあったとしても断片的なものでしかない。いいかえると、我が国がどの方向にどうやって進もうとしているのかについて、幅広く議論する助けにはなっていないのである。

さらに悪いことに、そうした分析は、ゴムのような壁、すなわち政党はこう変わる《べき》とする支配的イデオロギーの壁にぶつかっては撥ねかえされている。政党がたどってきた道筋を適切に表現できない最大の理由は、私たちが次のようなまちがった認識に捕らわれているからである。私たちはみな、もはや政党には不可能な役割をまだ与えたがっているのだ。その結果、イタリアのジャーナリスト、政治家、評論家は、どんな主義主張の人であれ、あらゆることをめぐって言い争いを続けている。しかし、政党がある一定の方向に向かって変わるのは当然であり、完全な二大政党制の道をたどるという点だけは全員の意見が一致し、異論をはさむ余地がないのである。この一〇年間に数多くの分析や議論がおこなわれたが、たった一つのシナリオについて堂々めぐりをしていたようなものであった。どうして私たちはウェストミンスター・モデルのコピーになれないのだろうか、イギリスのような二大政党制になれないのだろうか、と。サミュエル・ベケットやユージン・オニールの戯曲にあるような危うい期待をもって、私たちに救いをもたらしてくれるなにかを、ただひたすら待ちつづけている。けれども、時間がたつとともに、それは私たちの挫折が生み出した幻影にすぎないことが明らかとなっていく。

だからといって、市民が状況を理解していないというわけではない。市民は新聞やテレビのニユースを通していささか矛盾した構図をいやというほど聞かされてきた。古くからある政党は、少なくとも何とか生き延びた以上、「第二共和制《ラ・セコンダ・レプップリカ》」のイデオロギーが最終的に葬りさろうとした権力行使の仕組みにまだしがみついているように見える。また今の政党も、とくに国家支配の独占と分配については、昔の政党よりもはるかに積極的で抜け目がないようだ。だが執行権に固執するのは歴史的な政党に限らない。ゼロから出発した《エクス・ノーヴォ》――そういってよいかは議論が分かれるとしても――新しい名を冠した政党にも国家権力の中枢に入りこむ機会はあるし、その点で並外れた能力を発揮してきた。要するに、私たちは政党がふだんの活動をとおして国家権力を掌握するのを見ているので、政党支配体制がいまだに続いているように思ってしまうのである。

しかし、そうした現象の新しさと矛盾は、一言で言うならば「政党なき政党支配体制《パーティクラシイ・ウイズアウト・パーティズ》」にある。市民は、政府の統治機構をいまだに政党が支配していると見る一方で、政治の舞台をいま支配している政党が数年前の政党とまったく異なることにも気づいている。最大の違いは、「第一共和制《ラ・プリマ・レプップリカ》」の時代に党活動を支えてきた組織的でイデオロギー的な集団的党機関の多くが解体され、パーソナルな党機関にとってかわられてしまったことにある。政党は個々の政治リーダーのためのパーソナルな機関になりつつある。それは右派、左派のどちらにも見られる現象である。そうはいっても、時と場合に応じてさまざまな形態がある。パーソナル・パーティでは新たに台頭した市長が中心となることもあれば、昔ながらの名望家が中心となることもある。会社経営者が中心となることもあれば、首相が中心となることもある。共通点は、政党をつくるにあたって、みんなが認める指導者が決定的に重要なことである。

その影響は政治の多方面に波及する。新型であれ旧式であれパーソナル・パーティでは、指導者と支持者の紐帯は、イデオロギーや既存の複雑な規範体系に還元しうる忠誠心や帰属意識とは異なるインセンティヴから生まれる。集合的アイデンティティのかわりに接着剤の役割を果たすのは、個別主義的な利益か、さもなければ情緒的な刺激である。かつては明示的な目標のもとに組織された集団活動の論理が支配的であったが、今では姑息な目先の利益を目的とする個人的な戦略や、新しい偶像をその都度祭りあげる大衆動員が当たり前となっている。ウェーバーは現代社会の政治変容を理解するために一つの類型学を創った。それに従うならば、現在の政党は家産制的でカリスマ的な権力に回帰しつつあり、旧来の党官僚制が基礎をおいた合法的・合理的な権力は衰えつつあるといえる。

このように大きな変容をまえにして、最も気懸かりなことは、政治にたずさわる人々の失語症である。政治が変わりつつあるのに、彼らにはそれが解き明かせない。ひょっとすると解き明かしたくないのかもしれない。世論は世論で、ある種の集団的な心理的抑圧によって、一〇年もの長きにわたり、自分たちの役割や政治システムが目指すべき方向については自己満足に陥ってきた。というのも特効薬があったので、それを飲んでから政治や制度の方向性を考えたり判断したりすればよかったからである。その特効薬こそ小選挙区制モデルに他ならない。小選挙区制という魔法は、魔法の杖を一振りするだけで、古い政党支配体制が遺した重大な病を治せるといわれて取り入れられたものであった。小選挙区制にすれば政党の数が減って二大政党制となる。それにより、与党と野党のあいだで定期的に政権交代がおこなわれるばかりか、政治的安定まで保証される。異なる政権綱領から合理的な選択ができるようになるため、市民と政党の関係がいっそう強化される、などといわれたのである。

　こうした目論見があったにもかかわらず、小選挙区制の失敗はもはや誰の目にも明らかである。それを以下のデータをもとに暴きだすのは、いささか酷なような気がしないでもない。二〇〇〇年現在、議会には五〇以上もの政党がある。いまや政権は、連立与党の政権離脱《リバルトーネ》や個々の議員の寝返り《リバルティーノ》によって崩壊しないかとびくびくしている。有権者にはそれぞれの選挙連合の公約のどこに違いがあるのかわからなくなり、棄権がうなぎのぼりに増えている。小選挙区制は変革の旗印であり、イデオロギーであった。それが大失敗《デバクル》だったことはもはや誰の目にも明らかである。だが、みんなでもう一度よく考えておかなければならないことがある。それは小選挙区制という幻想の怪獣キメラが結果的に魔除けとなって隠蔽されてしまった根本的な変化である。ここでいう変化とは、完全な二大政党制が実現すればすべてがうまくいくといった憲法体制に関わるものではなく、それとは異なる過程や傾向や断絶を反映するものである。誰でも知っているがほんとうは誰も暮らしていない「仮想《ヴァーチャル》の国」ではなく、「現実の国」（あまりも現実的な国）を、その欠陥や衝動も含めて問題としなければならないのは明らかだ。いいかえると、「沈黙のスパイラル」を打ち破らなければならない。「沈黙のスパイラル」とは、他の人と違う意見をもっていても、それに固執すればみんなから浮いてしまうのではないかと恐れ、心ならずも多数派に同調することで世論が形成されていくことを意味する(1)。

現在進行中の変化に注目しなければならないといっても、それに賛成したりそれを応援せよと言っているのではない。しかし政党の改革を考えたければ、たとえそれがどんなものとなるにせよ、すでに現実のものとなり、どこにでもあるこうした変化の過程を考慮に入れないわけにはいかない。もっとも、ジャーナリズムの中途半端な議論や、政党の自己満足に陥った自画像を追いかけるかぎりは、そうした変化に気づくことはほとんどないだろう。ここでいう変化の過程は、ある意味では古い政党支配体制の特徴を再現している。本書の第Ⅰ部で述べるが、古くからある政党と社会との関係に着目すると、すでに脆弱などころか、しばしば断絶していることがわかり、その衰退は顕著だといえよう。しかし、政党が政治資金や政治的任命権の面ですでに国家に深く根を下ろしている点に着目するならば、政党の衰退といっても、それはきわめて緩慢だといえよう。だが別の面からみれば、今述べたこととは正反対に、「第一共和制」のころの膠着状態に陥った均衡と比べて、まさに革命的ともいえる変化が生じているのである。それがパーソナル・パーティである。本書の第Ⅱ部で検討するが、これは、代表メカニズムの発展に楽観的な多くのモデルに対する挑戦である。そして民主主義の正統性に対する挑戦でもある。

私が筆をとり、こうした現象を描こうとした背景には、このような政党の変質に迫ることは本当に不可能なのだろうか、という疑問があった。結論では、すでに言及したウェーバーによる三類型をはじめとして、権力をめぐる社会学のいくつかの古典的な論点を再検討する。ここに述べたような政治システムに生じる決定的に重要な傾向を理解するうえで、ウェーバーの研究には今なお十分に現代的な意義がある。それにしても、未来に向かって進まなければならないこの二十一世紀に、なぜ歴史が過去に向かって縮んでいるように見えるだろうか。なぜ歴史が過去を映すように見えるのであろうか。

注

(1) E. Noelle-Neumann, *The Spiral of Silence*, University of Chicago Press, London & Chicago 1988〔池田謙一訳『沈黙の螺旋理論—世論形成過程の社会心理学』ブレーン出版、一九八八年〕.

第2章　恐竜の没落

一般の人は、市民の要求を代表したり、まとめたりする組織が政党だと考えている。また、定期的に実施される特定の機会（選挙）には、自らの意思を表明するために投票しにいくのだと考えている。だが、それは庶民に深く根を下ろしたイデオロギーか、もっと底の浅い思い込みといってよい。そこには個人や集団や階級の何らかの利害がからんでいるのかもしれない。いずれにせよ、たいていの人は政党とは社会的要求を伝達する組織であり、それを議会の立法や政府の政策に転換する任務を担っていると信じている。

こうした政党観は、ほとんどの人が民主主義というものを代議制民主主義と考えていることを示す。そのために、社会と制度を結びつける決定的な役割が政党に与えられるのである。しかし代議制民主主義を表の顔とすると、その裏側には現代文化を支えるもう一つの土台が見え隠れしている。それが合理主義である。近代的な代表観は、諸個人に自分にとって必要なものは何かを判断し、それをしっかりと擁護してくれる者を選ぶ能力があることを前提とする。合理主義の原則は、二十一世紀を生きる私たちに不可欠な遺伝子情報の一部といってもよい。日常生活における行動も、ほとんどが合理主義の原則で決められている。最も初歩的な方針を決めるときも、それにもとづいている。それゆえ政党が合理主義の原則にしたがって活動していると勘違いしても驚くにはあたらない。このような思い込みは、世論や新聞やテレビで毎日見るものとぴったり一致するだけに、なおのことやむをえないだろう。ところが政党の現実とはまったく合致していないのである。私たちが、こむずかしく考えるのは面倒だからこんなものだろうと想定する政党と、今日の政党とは大きく異なっている。ウォルター・バジョットはヴィクトリア朝時代の政党を「名誉ある制度《ディグニファイド・インスティチューションズ》」といったが、政党はもうその名に相応しくない役回りをいまだ政治の舞台で演じつづけようとしているのだ。観客のほうも、政党にそうした役回りを与えることを、まだ諦めようとしない。

そもそも政党には、合理主義モデルにもとづいて形成された諸個人の要求を十分に受けとめられるだけの準備がない。政党の代表機能は、私たちの時代とは異なるはるか昔に起源をもっている。かつて有権者の要求は、大きな同質的社会集合体の要求として表出された。そして政党がそれを政治的に組織し、その代弁者となっていったのである。

このような政党の代表能力は、近代化により政党の社会基盤が崩れるにつれて、無残なまでに衰弱していった。しかし、政党が代表機関であるという考え方は消えなかった。それが民主主義を正統化する要となっていたからである。かくして政党が自分たちを代表しているという思い込みは生き長らえていった。もっとも、今日では政党の代表機能といっても、昔ながらの集団の社会的紐帯ではなく、個人の合理的な関係にもとづくと考えられている。このような思い込みがいまだに強いことからも、民主主義が混沌としたアイデンティティ・クライシスに陥っていることがはっきりとわかる。それどころか、政党がだんだんと能力を失い、無力化しているという政治の現実の言い訳にすりかえられてしまうおそれすらある。

政党の適応力の限界とそのむずかしさを理解するには、いったん合理主義の眼鏡を外し、生物行動学者の眼鏡を通して、政党を制度的な絶滅危惧種として観察する必要がある。大イデオロギーの時代には、有権者と政党のあいだに創りだされた信仰にも似た関係を指して、政党は教会に喩えられた。政党の機能が衰えてしまった今日、いちばんふさわしい比喩はハリウッド映画じみてはいるが、恐竜である。この比喩は、政党という組織がとてつもなく大きな力を持つと考えられていたことを示している。政党は二十世紀の政治を、その生息地である社会をも自らに従属させながら支配してきた。いまや生息地そのものが急速に消滅しつつあり、政党という恐竜も絶滅危惧種となりつつある。環境が氷河期に突入しているからである。二十世紀の前半には、激しい宗教的・社会的対立が流血の惨事をともないながら繰り返されてきた。それが政党を生み出した環境であり、生息地だったのである。

政党は、近代民主主義国家の形成期を特徴づける大きな社会的亀裂《クリーヴィッジ》に基礎をおくことによって力をつけていった。膨大な数の人々が工業化、都市化、世俗化、中央集権化の過程に、無数の物語を紡ぎだしながら飲み込まれていった。その結果、社会は対立するいくつもの集団に分裂した。こうした集団をまとめる番人となり、その要求を代弁したのが政党だった。同時に、政党は政府や議会といった場で敵対する政党とも交渉を重ねるなかで、社会的亀裂を和らげようとした。歴史的に見ると、大衆を国家に統合する過程を推し進めたことは、政党の主要な功績であるといえよう。

　逆説的にいえば、政党は自らの成功の犠牲となったと考えることができる。大きな社会的亀裂は、なかんずく政党の努力のおかげで和らげられた。だが政党は、そのために当初の存在理由を失ったのである。もともと政党は社会の内部から生まれ、社会的亀裂をその理想的な生息地としていた。ところが、いまや選挙のたびに、紐帯や役割を再構築し、正当化しなければならなくなっている。しかし、大きな同質的社会や同質的文化圏で組織したり代弁する代表機能と、ばらばらに拡散した諸個人の利益を仲介したり集約する代表機能とは、大きく異なる。複雑社会《コンプレックス・ソサエティ》の挑戦を受けたことによって、政党という恐竜はとっくの昔に消滅していてもよかったはずである。

　だが政党は、衰えつつあるとはいえ、まだ生き延びている。それは二つの有利な状況が、今なお残っているからである。その第一の状況とは、長期にわたり政党に代表の座を独占させたことで、政治システムが固定化され完全密封されてきたことである。政党が国家を支配するようになった当初には大騒ぎとなったが、以後一世紀以上ものあいだ、政党が政府を支配することに異議を唱える組織はひとつたりとも現れなかった。たしかに、今では政党と社会の結びつきは希薄化し衰弱している。だが政党と国家の結びつきが危ぶまれたことは、まだ一度もない。それどころか、これが政党の存続を許す第二の状況となるのだが、国家が市民社会に浸透していくにつれて、政党による国家の占拠はますます強まっていった。政党の成長は下からの力によって育まれてきたが、政党の抵抗力は上から生まれる。すなわち国家の支配から生まれる。もはや旧来の社会基盤からは引き出すことのできない資源を政党にもたらしているのは、今では国家なのだ。ひと昔まえに誕生した政党という巨大恐竜は、レヴァイアサンと呼ばれる国家にがんじがらめにされながら、一体いつまで生き延びていくことができるのであろうか。

研究者のこの問いに対する答えは、ありきたりではあるが、正反対の二つの潮流に分かれる。すなわち懐古主義者と現実主義者に分かれる。懐古主義者はあくまでも政党が市民と国家の要でありつづけてほしいと願う。そうした役割を負うところに政党の意義があると考える。彼らにいわせると、政党の健康度を示すあらゆる指標は惨めなまでに低下している。党活動家の参加率、有権者の支持率、路線論争の有無、地域組織の数をみるだけでも、現代の政党が衰退していることは一目瞭然である。「下部組織なき政党《ベイスレス・パーティ》」の登場といっても過言ではない。かつての大衆政党は、広範な民衆に支持された誇り高い象徴的名称をその党名とした。ところが、いまや政党には下部組織もなければ社会基盤もない(1)。

これに対して、現実主義者は、政党組織が根本的な変化をきたしつつあるという事実は否定しないものの、衰退の程度や時期が政党ごとに違う点を見なければならないとする。そして、とくに懐古主義者の解釈には、次のような根本的な疑問を投げかける。どうして政党は設立されたときの役割に縛りつけられなければならないのか。

政党の危機を、瓶に残った水に喩えると、まだ半分残っていると見るか、もう半分しか残っていないと見るかの違いといえよう。たとえば、確かに党員数はこの一〇年ほどのあいだに驚くほど減った。それでも二〇〇〇年現在、イタリアの左翼民主派（DS）のような政党は五〇万人以上もの個人加入党員を擁する組織を従えており、イギリス労働党のように労働組合を通じた団体加入に基づく政党ではおよそ四〇〇万人もの党員数を誇る組織を持っている。政党はいまなお尊敬に値する《リスペクタブル》組織なのである。また、党内活動への参加が停滞しているのは事実だが、再活性化の試みがないわけではない。たとえばドイツでは、一九九〇年代に、二大政党はともに下部活動家の参加を促す方針を提起している(2)。さらに大衆政党の危機というならば、今ではよく知られているオットー・キルヒハイマーのいう「包括政党《キャッチ・オール・パーティ》」にそれが変わっていったころから始まっていた。それからもう三〇年以上もたつというのに、同じ政党がまだそのまま残っている。それゆえ政党が危機に瀕しているのは事実としても、必ずしもまっしぐらに墜落していくような危機とはいえないのではないか。

したがって現実主義者が懐古主義者の解釈に疑問を抱くのは、その組織や社会基盤との関係といった数量的な次元で危機感をもつからではなく、むしろ政党が当初なかった政治目的を担うようになったと考えるからである。いうまでもなく政党ができた頃の役割は、大衆を国家機構に統合することであった。その役割が終わってしまった以上、政党の消滅はもはや宿命といわざるをえないのかもしれないが、果たしてそう言い切ってもよいのであろうか。現実主義者によると、まったく逆のことが起こっている。政党の組織やその社会基盤との関係が衰弱する一方で、政党の組織（およびその人員）と国家装置は緊密な関係を築くようになった。政党はそこに新たな活力源を見出したのである。カッツとメイヤーの表現によると、いまや政党は多くの点で国家である[3]。そうなったのは、政党自身が確立し擁護してきた民主主義の基本的な規則があったからである[4]。そこで、この点を中心に考察を進めていきたい。まず今日の政党に生じつつある、いくつかの重要な新しい現象から見ていこう。

その第一は、政党の「専門職化《プロフェッショナリゼイション》」である。政党ではボランティア活動家の比重が低下し、もっぱら政党活動を職業とし収入源とする人の割合が増大している。一見したところ、こうした現象は目新しいものではない。大衆政党が誕生したときにも、党機構の専従職員のなかから政治を職業とする階層が確立していったからである。彼らの職業は十九世紀の名望家型政治家と違って、党を組織することであった。ところが、かつての政治家は「職業＝天職《ヴォケイション》」として政治を選んだが、今は政治家が「職業＝専門職《プロフェッショナル》」として政治を選ぶ時代である。実際、いま起きている変化は、二十世紀初頭に旧来の専従党員が育んできた党活動のイメージを根底から変えてしまった。新たな政党専門職は旧来の専従党員と違って、それほど多くの時間を党のために割かない。活動家との話し合いや、イデオロギーをめぐるいつ果てるとも知れない討論に、時間を費やすようなことはしないのである。かつては、そうしたことが自らのリーダーシップを正統化する機能をもっていた。新たな政党専門職には、それとは違った専門分野《スペシャリゼイション》がある。彼らの経歴をみると国家の諸制度で働いた経験のある人が多い。地方自治体、州議会、国会、国会の各種委員会、内閣などである。今日の政治的専門職は政党よりもむしろ国家に基礎をおいている。したがって職業政治家として成功したければ、何よりも迷宮のような国家機構を上手に使いこなせなければならない。

第二の新しい現象は、政党の国家化《ステイトライゼイション》である。それは政党の政治資金の形態が変化したことを意味する。かつての政党は維持費を市民社会から調達していた。それゆえ政党は、どの点からみても私的な結社であった。こうした特色は、往々にして敵となる国家に対抗して独立性と自立性を保持するための条件でもあった。政党が自己資金で組織をまかなうには、他の組織と同じように、新入党員を獲得する不断の活動が不可欠であった。政党の基盤をこつこつと開拓したのは、イデオロギー的な目的があったからだけではなく、組織や指導者が生き延びるのに不可欠の条件でもあったからである。ところが今日では、ヨーロッパのすべての主要政党は、党員が納める党費（これはますます少なくなりつつある）よりも、はるかに巨額の国家資金に依存している。(5)

公的資金には選挙費用の助成金など直接的な形態をとるものがある。このような公的資金は選挙運動費に使われるだけでなく、中央組織や下部組織の人件費にも流用される。だが、もっと重要な公的資金は、俸給という間接的な形態をとる。市議会議員、県議会議員、州議会議員、国会議員など、選挙で選ばれる公職や政府関係の公職に就く政党の専門職には俸給が支払われる。さらに、こうした俸給は増えつづける協力者にも支払われている。

現実主義者は、政党が国家化した結果、政党の制度的な超－専門職化《スーパー・プロフェッショナリゼーション》と公的資金への依存という二つの現象が生じたと考える。いいかえると、この二つの特徴をそなえていたからこそ、政党は生き延びることができたと考えるのである。そのかわり、政党に本来そなわっていた市民社会とのつながりが弱まってしまった。だが、この二つの特徴があったために、恐竜の絶滅にも喩えられた破局的な衰退は、ある程度まで抑えることができたのである。

リチャード・カッツとピーター・メイヤーは、ヨーロッパの政党の組織変容に関する最近の研究成果をまとめ、こう結論づけている。「この研究から以下のような仮説が導きだされた。重要性を失い、衰退しているのは現実には政党の底辺組織だけである。政党の中央機関が国家から獲得する資源は、事実上増強されている。よって政党の衰退を強調しすぎると、誤解を招くおそれがあるといいたい(6)」。一見慎重ではあるが本質的に楽観的なこうした見方には、強い異論が唱えられている。ありがちなことだが、現実主義者も結局は王様（つまり当の政党）以上の現実主義者になりかねないというのだ。現在ヨーロッパ中で人々の政党離れという大波がさかまいているにもかかわらず、政党は貝殻に閉じこもって耐えているので、まだ健康な状態にあると現実主義者は考えているからである(7)。政党が不要だとする反政党論《アンティパルティーズモ》はもともと一部の知識人エリートだけの、あるいはサイレント・マジョリティーだけの潜在的な感情であった。しかし、今日の反政党論は、公然と組織的な形をとって噴出している。国民投票を求める運動から極右の抗議団体までいろいろとある。そして、その背後には大新聞まで含めて、反政党論に好意的な世論がある。

今日、人々が政党に反感を抱くのは、政党が国家を好き放題に独占していることが最大の原因である。たしかに民主主義を機能させるためだとして、政党と国家の癒着は、正統な手続きをふんだ一定の範囲内ならば許容されてきた。しかし、いまやその限界を越えてしまっているのではないか。それどころか、本来中立であるべき行政分野まで、何の権限もないはずの政党に支配されかかっているのではないか。政党資金の国家依存についても、選挙運動費用の助成や当選者に対する議員報酬に止まるならばまだしも、利権の配分や癒着などのグレーゾーンが広がれば、まったく意味合いが異なってくる。残念なことに、政治腐敗はまだまだなくなったとはいえない。政党と国家の敷居が低くなったために、政治家が清廉潔白でありつづけるのは決して容易なことではないのである。

いま述べたような政党による国家の占領と政治腐敗という二つの危険は、イタリア市民にとってはすでに現実のものであり、その苦しみを味わってきた。そして西欧の他の諸国にも徐々に広がりつつある。(8) メイヤーが「もちろんイタリアの事例は例外的である」というのを聞いて、ほっとする人がいるかもしれない。しかし、すぐ後に続けてこういっているのである。「だが国家とあまりにも深く結びついたために、市民社会の変化に適応することを忘れ、党内駆け引きに没頭する危険性については、西欧民主主義国にしっかりと根づいた政党であっても、十分に気をつけたほうがよいように思われる」(9)。実際のところ、もうかなり前から、とりわけ西欧民主主義国の有権者はそれに気づいていた。その反応は過激な抗議運動や、しらけるという形をとったりした。他の解決策を探るという形をとることもあった。いいかえれば、まだそんな反応を示すだけの幻想が残っていたのである。

注

（1）D. M, Shea, "The Passing of Realignment and the Advent of the «Base-less» Party System," in *American Politics Quarterly*, XXVII, 1, 1999.

（2）S. Scarrow, "Parties and the Expansion of Direct Democracy," in *Party Politics*, V, 3, 1999.

（3）P. Mair, "Party Organization: From Civil Society to the State," in R. Katz & P. Mair (eds.), *How Parties Organize: Change and Adaptation in Party Organizations in Western Democracies*, Sage, London 1994, pp.1–22.

（4）M. Calise, *Dopo la partitocrazia. L'Italia tra modelli e realtà*, Einaudi, Torino 1994.

（5）E. Melchionda, *Il finaziamento della politica*, Editori Riuniti, Roma 1997.

（6）P. Mair, *Party Oraganization, op. cit.*, pp.3–4.

（7）S. Scarrow & T. Poguntke (eds.), "The Politics of Anti-party Sentiment: Introdution," in *European Journal of Political Research*, XXIV, 3, 1996.

(8) F. Cazzola, *Della corruzione. Fisiologia e patologia di un sistema politico*, Il Mulino, Bologna 1988; Y. Mény, *La corruption de la république*, Fayard, Paris 1992; D. Della Porta & A. Vannucci, *Un paese anormale. Come la classe politica ha perso l'occasione di Mani Pulite*, Laterza, Roma-Bari 1999.

(9) P. Mair, *Party Organization*, *op. cit.*, p.17.

第3章　ルソーの亡霊

政党に対する抗議運動は、民主主義体制においては目新しいものではない。それはイデオロギーを問わない。半世紀以上もまえにアメリカの政治学者エルマー・シャットシュナイダーは、この現象には右も左もないと皮肉をこめていっている。こうした現象を特徴づけ、斥けるためにイタリアでは長いあいだ「凡人主義《クワルンクィズモ》」というレッテルが使われてきたのも偶然ではない。しかしこの一〇年間で反政党運動は、もっと意識的で明確なイデオロギーを特徴とする、したがってそれほど凡人主義的ではない運動に変わり、組織されつつある。さまざまな「新右翼《ヌーヴェル・ドロワト》」の運動がそうである(1)。こうした運動は、反政党感情を綱領の重要な要素としてきた。イタリアでその傾向をいちばんよく表しているのが「北部同盟《レガ・ノルド》」である。北部同盟は、人々のあいだに広まっていた非効率的な国家行政（その象徴がローマ）に対する不満を、政党支配体制からの「独立戦争」に転化していった。

新右翼の騒々しい抗議運動と並行するように、この数年間で膨大な数の人々の静かな抗議運動が定着した。それは棄権である。一定の範囲内の棄権は、民主主義が現実に機能していくうえでは不可避の生理現象といえよう。また、投票が自らの意思表示のための最低限にして基本的な手続きでしかない以上、もっと有効な政治参加の形態があると主張する者もいないわけではない。それにもかかわらず、「投票しない人」の分析からは、エリートが棄権することはめったにないことが明らかとなっている。棄権を選択しているのは、投票以外に政治参加のチャンネルがないような人々である。大衆の投票者は選挙を重ねるごとに数が減っている。昔ながらの政党が弱体化すると、最も弱い階層が政治参加から遠ざけられるとする悲観的な予測は正しかったのである。

　しかし、政党の危機と政党に対する拒否は、凡人主義的な抗議運動の波や棄権の渦を引き起こしただけではなかった。第三の道が存在する。それは「直接主義《ディレッティズモ》」である。すなわち、政党を迂回し、非効率的な政党の媒介なしに、政治に直接影響力を行使しようというものである。直接主義にはきわめて多様な方法がありうる。国民投票を用いて集団的動員を図るというのも、その一つである。国民投票は回数も増え、テーマの重要性も増し、政治システムを「国民投票民主主義」に変えたといわれるまでになった。あるいは個人主義的で唯我論的《ソリプティシスティク》な自己陶酔と紙一重の参加を貫き通す方法もある。今日、インターネットによる無数のヴァーチャル・コミュニティの中で生まれた方法であり、チャット・ラインを新たな千年紀のアゴラ（公共広場）にしようというのである。(2) しかし直接主義が広まりつつあるといっても、たいていの場合は、それほどラディカルな形をとらない。公職候補者を予備選挙で選ぶとか、政権を直接選挙で選ぶといった形をとる。

この二つの場合では、直接主義は決定権にただちに関わるような目標を掲げているわけではないし、はっきり立法府にとって代わろうといっているわけでもない。ところが、代表制の力関係を変えるという目的から見ると同じ結果になるのである。結局のところ、政党が実質的に空洞化していくからである（この点については後述する）。

直接主義も新しい現象ではない。それどころか民主主義の理念が生まれたときから存在する。古代アテネのポリスは直接民主制にもとづいていた。民主主義は代表者に委ねたほうがよりよく機能するという考え方が確立するまでには、何世紀も待たなければならなかった。代議制民主主義の誕生によって、政治は複雑で専門化された活動と考えられるようになっていった。一般の市民には期待できないような政治への関心と献身が必要とされるようになったのである。そして、代議制を不可避とする考え方は、古代の民主主義と近代の民主主義を分かつものとなった。多くの人々はそれを認めたが、例外もあった。最もよく知られた例外が、自らの著作で直接民主制を高く評価したジャン・ジャック・ルソーであった。

この理論を打ち立てた当時のルソーは孤立した思想家であった。啓蒙主義の最も急進的な期待を首尾一貫して代弁していたために有名な思想家となり、人々に認められ、多くの信奉者をえた。しかし経験的なレベルで、彼の思想が実際に試みられることはほとんどなかった。十九世紀に代議制民主主義は緩やかだが着実に前進していった。だが直接主義は、尊いけれどもさほど実践的ではないユートピアの領域に囲い込まれてしまった。ルソー自身も、自分の理論が実際にどう応用できるかについてはほとんど触れなかったし、要するに古代のポリスの理想的な環境が再現できるような小さな共和国の話だとしていた。ところが現実には、ずっと大きな領土を持ち内部に差異を抱えた国民国家が、緊張と対立を増大させながら確立したために、直接主義の衰退はもう決定的であるかに思われた。

しかし、直接民主主義の理念は生き残った。ただしルソーの思想とほど遠い形態をとっていた。「人民投票《プレビシット》」である。新憲法の採択といった重要テーマに関して、人民の意思を直接問う形態をとったのである。けれども人民投票による政治はすぐさま廃れた。個々の問題に関する「意思表明《プロヌンチャメント》」であったのが指導者への「支持表明《プロヌンチャメント》」に変質していったからである。ほとんどの場合、軍部のクーデタにともなうものであった。十九世紀末のヨーロッパにおいて、ボナパルティズムという言葉は、代表制による決定機構を人民投票による指導者と市民の一体化に変えてしまう政治システムと同義語となった。十九世紀に出現した人民投票による政治は、その後も長く散発的に見られたが、ヨーロッパでは戦間期になって権威主義体制が台頭したことにより、あっというまに政治の表舞台に復活することになった。ムッソリーニやフランコやサラザールのファシズム、ヒトラーのナチズムを通じて大衆は独裁政治に同意し、人民投票主義を育んでいったのである。こうして直接民主主義は全体主義的民主主義シンドロームに巻き込まれていく。そして、直接民主主義は全体主義的民主主義であると非難されるようにもなった。

かくして二十世紀の大半、直接民主主義の運命は個人独裁の運命と緊密に結びついていると見られた。最初の頃は「革新《イノヴェイション》」をもたらすのではないかと大いに期待されたカリスマ的指導者の権力も、結局は個人独裁に矮小化されていった。近代政治社会学の父祖の分析では、カリスマ的指導者は、巨大な官僚制が寡頭制的な保守主義に転化することを防ぐものであると考えられた。というのも、大衆の政治への参入により大衆の守護者として生まれた強力な党機構が、民主主義を国家以上に硬直した官僚制的な装置に組み込むことを通して、ヘゲモニーと権力を握る恐れがあったからである。カリスマ的指導者であれば、いくら大衆からなる有権者が台頭したとしても、世界の変革という倫理的な夢を保ちつづけられるのではないだろうか。だがウェーバーのこの賭けは、ナチズムとスターリニズムの悲劇によって、あっというまに破綻したのである。

それゆえ第二次大戦後は、長期にわたり直接民主主義の理念は、きわめて例外的な手段としてしか議論されることはなかった。直接民主主義の理念は国民投票という手段と結びついてのみ、ヨーロッパ諸国の憲法のなかで生き延びることになったからだ。ただ、国民投票にはたくさんの制限が課せられた。実際のところ直接民主主義は、ルソー自身が考えたような小さな共和国に限られると考えられていたのである。民主主義の枠内で直接民主主義が、権力と直接的かつ緊密な関係を保ちつづけることができたのは、アメリカ合衆国の大統領選挙だけであった。アメリカの大統領制は少なくとも形式的には、有権者と選抜された政権指導者との直接的な関係が効力を持つシステムである。事実、アメリカの大統領と有権者の関係は、ナチズムが敗北した直後にヨーロッパ諸国で新たに採用された憲法が規定する大統領制とは、ひじょうに異なった意味を持っていた。ヨーロッパ諸国は、大統領制が、カリスマ的指導者や全体主義的な人民投票政治を復活させる「トロイの木馬」に変わることを恐れていたのである。

だが実際のところ、アメリカの大統領制には直接民主主義的な要素はあまりないし、カリスマ的な指導者原理といったものもほとんどないといってよい。十九世紀のアメリカの政権指導者の選抜機構は、ずっと政党に支配され運営されてきた。大統領候補を擁立するのは強力な組織を持つ政党マシーンであった。また、大統領候補の主たる特徴は、イギリスの外交官にして歴史家ジェームズ・ブライス卿の有名なジョークによるならば、「大人物ではないこと」であった(3)。事実、大統領候補は、政党マシーンを牛耳る名望家たちが裏で下した決定を表で発表するスポークスマンであれば、それでよかった。大衆からなる有権者との関係も政党が独占していた。大統領に残されていたのは、せいぜいのところ国民統合の象徴という役割ぐらいであった。アメリカ合衆国は、政党が力を持っていたおかげで、建国以来、カリスマ的指導者やその支配に屈することを免れてきた。ウッドロー・ウィルソンが政治学者として述べているように、アメリカの大統領制は現実には政党による代議制民主主義に基礎をおく議院内閣制に他ならなかったのである(4)。

アメリカの大統領制が新たな時代、すなわち政権指導者と市民がより緊密で直接的な関係を築く時代を迎えるのは、フランクリン・デラーノ・ローズヴェルトによるニュー・ディール政策が始まってからのことであった。それは一つには制度、もう一つにはコミュニケーション技術という二つの面で政治の舞台が大きく変化したためである。まず制度面では、ニュー・ディール政策によって、民主主義国では初めて行政権が強化された。立法権や司法権といった他の制度に依拠するアクターに対し、行政権が「単独支配《モノクラシー》」ともいえるような形で強化されていったのである。この傾向は後に他の西欧民主主義国でも支配的となる。現在のアメリカ大統領制は、世界大恐慌という空前絶後の実験室のなかで再構築されたものであった。歴史家が「第二のアメリカ合衆国憲法」と呼ぶほどになり、大統領とその権力が政治システムの中心に位置することになった(5)。他方、このような大統領制の再構築過程と呼応するように、政党の空洞化が進行していった。アメリカの政党は、全国レベルでは、すでに二十世紀初頭から危機に陥っていた。そして、地域的な権力基盤を持つ縁故主義的《クライエンテリスティック》なボス支配と結びつきを深めていったのである。

次にコミュニケーション技術の面を見ると、大衆参加の道具としての政党が危機に陥ったことによって、現在のような大統領が台頭する条件とインセンティヴがもたらされた。だが、それと同時に、大統領は有権者と関係を維持するための新たなチャンネルを探さざるをえなくなった。そしてラジオの普及、少し後にはテレビの普及は、政党の錆びついた媒介機能に代わるとてつもなく貴重な伝達手段を提供することになった。こうした現象を説明するために初めて用いられた「メディア」(媒体)という用語そのものが、市民と制度をほんとうに媒介するのはメディアであり、紛れなき第四の権力であることを示していた。このようにして新しい大統領制は生まれた。

しかし、それは一つの両義性を孕んでいた。というのもアメリカの大統領は、有権者との個人的な関係を維持するためにメディアと強く結びついていたが制約もされていたために、多くの人々の眼には、新たな主人であるメディアに縛られていると映っていたからである。古い政党に代わって、ラジオやテレビという新たな媒体が新たな主人と見なされるようになった。いまやメディアが大統領と市民のコミュニケーションのフィルターとなったために、いわゆる一般視聴者向け論点《アジェンダ》をめぐるジャーナリズムと大統領ブレーンの諍いに示されるような、権力間の力関係を左右するだけではない巨大な力を持つにいたったからである。

それに劣らず、コミュニケーションの形態《フォーマット》の変化も決定的な意味を持っていた。コミュニケーションのとり方も、テレビのテンポや用語法に合わせざるを得なかったからである。それゆえ理想的な大統領とは、才気煥発なパーソナリティをそなえるとともに、テレビというきわめて攻撃的な闘技場でその才能を見せびらかす能力をもつ人物でなければならなかった。いいかえるとテレビで人気を得るには、ひとを魅了する人格と群集を支配する本能を兼ねそなえた「コミュニケーションの達人《グレート・コミュニケイター》」であることが不可欠だった。カリスマ的指導者は、二十世紀前半の重大な歴史的悲劇の扉からいったん追い出されたのに、今度はテレビの小さな画面のなかに戻ってきたのである。

このようなコミュニケーションの達人が語りかけたのは、合理主義が想定するような自信に満ちた個人とはひじょうに異なる個人であった。マス・コミュニケーションの時代には、データにもとづいて責任ある選択をおこなう情報通の有権者のかわりに、イメージによる暗示や感情で遠隔操作された市民が増大する。この分野の研究は、政治文化の現状を、無知、表層性、無関心の拡大とみる。「文化と情報の空白には身震いをしてしまうほどである」[6]。したがって、ルソーの亡霊が、彼には予想すらできなかった未来の鏡に映しだされて蘇ったのである。十八世紀の自信に溢れる啓蒙主義の影響のもとで、自らの政治選択に合理的かつ直接的に責任を負う人間という神話は誕生した。ところが、そうした神話が蘇った裏には、それとは正反対の、テレビ革命が生んだ新たな用語法がもたらす、非合理的な感情や興奮にどっぷり浸かった人間というシナリオがひかえていた。直接主義は、元はといえば「ホモ・サピエンス」〔知恵のある人間〕が勝利するための手段として考えられたものであった。それなのに今では「ホモ・ウィーデンス」〔視覚だけの人間〕があてどなく漂流するための理想的な生息地に変わってしまったのである。

注

（1）P. Ignazi, *L'estrema Destra in Europa*, Il Mulino, Bologna 1994〔凡人主義は、一九四四年にナポリの喜劇作家グリエルモ・ジャンニーニが創刊した週刊新聞『凡人《ウモーモ・クワルンクエ》』に起源を持つ。エリートではなく平凡な庶民こそが常に正しいとし、その暮しを政治に巻き込むなと訴え、一九四六年の制憲議会選挙では、社会党と共産党から成る人民戦線に対抗して凡人戦線を設立、その後は王党派などに吸収されていった〕.

（2）R. De Rosa, *Fare politica in Internet*, Apogeo, Milano 2000; M. R. Kerbel, *Netroots. Online Progressives and the Transformation of American Politics*, Paradigm Publishers, Boulder 2009; R. K. Gibson, A.

Römmele & S. J. Ward (eds.), *Electronic Democracy. Mobilization, Organization and Participation Via New ICTs*, Routledge, London 2004.

（3） J. Bryce, *The American Commonwealth*, Macmillan, London 1888.

（4） W. Wilson, *Congressional Government. A Study in American Politics*, Houghton, Boston 1885〔小林孝輔・田中勇訳『議会と政府―アメリカ政治の研究』文眞堂、一九七八年〕.

（5） R. Pious, *The American Presidency*, Basic Books, New York 1979.

（6） G. Sartori, *Homo videns*, Laterza, Roma-Bari 1999, p.140.

第4章　アメリカのフロンティア

少なくともトクヴィルの時代には、ヨーロッパ人にはアメリカの民主主義を自分たちの未来の鏡として見る習慣があった。アメリカの民主主義は、希望という観点から語られるときには、新世界の誕生といわれ、品位という観点から語られるときには、とてつもなく醜悪なものといわれた。しかしヨーロッパ人が、誇らしげに自信をもって「アメリカとは違う」、「アメリカよりも優れている」といえることが一つあった。それはヨーロッパの政党の力であった。その大きな根拠となったのは、ヨーロッパの主要な政党が形成されるときにイデオロギーが重要な役割を果たしたことである。それに対してアメリカの政党には社会主義や宗教といったイデオロギー的な接着剤がなかったので、ヨーロッパ人の眼には、「魂のない機械」、つまり「力のない機械」と映っていたのである。

しかし実際には、アメリカの政党にも新世界の深刻な社会的亀裂を原因とする一世紀にもわたる伝統があった。それは、南北戦争を思い起こせば明らかである。南北戦争で民主党と共和党は死力を尽くして戦った。そうはいっても、これは十九世紀の出来事であり、政治の世界では過去のことはしばしば忘れられてしまう。そのためヨーロッパ人によって、あたかもアメリカには政党が一度も存在しなかったかのように政党の歴史や理論が書き換えられることもあった。今日でも、大学で使われている多くの教科書では、過去、現在を問わずアメリカの政党には触れられていない。また、よしんば触れられているとしても、我が国とはまったく関係のない現象として扱われている。ところが、実をいうと、アメリカにおける政党の盛衰を論じることは、私たちにとっても嫌だけれど必要な作業なのである。アメリカの先例を分析すれば、ここ数年ヨーロッパでも重要性を増しつつある多くの問題点が明らかになるであろう(1)。政党にとっても、アメリカ合衆国が革新《イノヴェイション》と「フロンティア」の大地であることは間違いない。「近代政党を発明しておきながら、他方で制限しようとしてきた国は、自分の発明品を捨てたに等しい。今世紀になると、アメリカで発明された新製品が、一歩ずつではあるが、なかば強引にシェアを拡大していった。それは政党なき大統領制《プレジデント・ウィズアウト・パーティ》である(2)」。

すでに見てきたように、現代の大統領制の興隆は、アメリカにおいて政党の危機を促進し、加速した。だからこそ、現在進行中の主要な変化を理解するためには、大統領の役割や、大統領が掌握する合意の組織化とコミュニケーションの新たなチャンネルから、分析を始めなければならない。だが、アメリカ例外主義《エクセプショナリズム》に陥ってはならない。実際、多くの分析において、アメリカのような大統領制が伝統的な政党システムを破壊する力を持つことは認められている。そうはいっても、大統領が政治システムの要にあるという制度的な効果に限定する傾向があった。すなわち、憲法の条文に大統領制を意味する語彙がなければ、政治システムが大統領制化《プレジデンシャリゼーション》する恐れはないというのである。ヨーロッパには憲法が定めた議会制度があるので、政治システムのアメリカ化《アメリカニゼーション》は回避できるとされてきたのである。

ところがヨーロッパの大半で議会主義が袋小路に陥っているのを尻目に、アメリカが先頭をきって走っているのは現状を見れば明らかである。ここではフランスの事例は除きたい。というのもフランスは、議院内閣制とも大統領制ともいえる両面的な憲法体制をもつ国なので、なんとでも言い逃れができるからである。すでに一九八〇年代初頭以来、マーガレット・サッチャーの革命によって、議院内閣制にもとづくイギリスの首相のほうが、憲法の規定にもかかわらず、アメリカの大統領よりも権力を集中させたことに注目が集まった。(3) その後、ドイツ再統一の「電撃戦」が成功したことから、ドイツの首相についても多くの点でよく似た現象が見られることが明らかとなった。実際のところ、ヨーロッパのほとんどの国では行政権が強まっている。この傾向は、ますます目立つ存在となり決断主義的となる首相の単独支配者的《モノクラティック》なリーダーシップに基礎をおいていた。(4)

たしかに形式的な憲法の枠組みが防波堤となってはいるものの、それもだんだんと効果を失い、役に立たなくなってきた。もちろん形式的な憲法の枠組みの防波堤が崩れつつあるからといって、ヨーロッパが丸ごとアメリカの経験やトレンドに同化するなどと極端なことがいいたいわけではない。ただ、そうした認識は、現在起きている変化の主たる要因が、憲法の条文にではなく、二十一世紀を前にしたすべての民主主義国で生じている権力の「人格化《パーソナリゼーション》」という、より一般的な過程にあることを理解するのに役立つといえよう。(5)セオドア・ローウィの著書のタイトル『パーソナル・プレジデント《人格化された大統領》』は、アメリカにおける政治権力の新たな秩序をうまく捉えている。同書はこの五〇年のあいだにアメリカ政治の頂点で生じた突然変異を初めて明らかにした。(6)

「人格化」が現代政治の主役だと認め、憲法の枠組みがその防波堤となるという先入観を捨てるならば、大統領制化論者《プレジデンシャリゼーション》に特有の次のような誤りを回避するのにも役立つ。彼らは人格化が政治の頂点でしか起きず、それよりも下の政治代表制度には及ばないと考えた。しかしアメリカの状況をみると人格化はすでにどこでも見られる現象であり、政党の凋落も大統領に関わる領域だけでなく、有権者と被選出者というもっと一般的な関係にも及んでいることは明らかである。政党を中心とする選挙から「候補者を中心とする《キャンディデット・センタード》」選挙に移行したのだ。こうした変化は一九七〇年代初頭に始まり、候補者の選抜、綱領の選択、運動資金という選挙に関わる政党の重要な機能にまで及んだ。これらの機能は、かつては政党機関に属していたが、ときとともに候補者や個人組織が直接担うようになった。その一方で、全国政党は根底から再編を遂げるという犠牲を払って、ようやく生き延びることができた。候補者のための機敏で洗練された専門サービス機関に変身し、候補者の個人組織を支援したり補完するようになっていったのである。(7)

候補者を中心とする方式は大統領選挙から始まった。だが候補者を中心とする「ニュー・ポリティクス」の確立には、この他に少なくとも二つの要因が決定的な意味を持っていた。その一つは、革新を求める下からの要求である。その結果、より民主的な参加型の候補者選抜方式として予備選挙が導入された。もう一つは世論調査の普及である。これが市民の意見を代表する支配的な方法となった。

一九七〇年代に予備選挙が普及しはじめたのは、アメリカ社会の混乱に政党エリートが鈍感だとして反発や抗議が沸き起こったからである。少なくとも最初のうちは、政党をひっくり返すのではなく、市民社会の新たなエネルギーを注ぎ込んで政党の改革を促進するという目的があった。[8]ところが選挙運動に予備選挙が導入されたために、数年後に政党は空洞化してしまう。かわりに政党とは別の組織形態とコミュニケーションの論理が支配的となっていった。事実、候補者の選抜過程が党外の人々にも開かれ、その必然的な結果として「政党なき候補者《キャンディデイト・ウィズアウト・パーティ》」は自前の組織を持つようになった。それも最初のうちは、ほとんどがボランティア活動家からなる組織であった。この場合には、候補者が掲げる政策綱領が重要な役割を果たしていた。だが、あっというまに、政策綱領以外の「資源《リソース》」が決定的な意味をもつようになったのである。

第一に、候補者を指名する段階では、候補者の人柄や資質のほうが政策綱領よりも重要な「資源」となる。だからといって争点《イッシュー》が選挙戦から消えたわけではない。それどころか、予備選挙の導入で候補者の数が増えたために、わかりやすくて明快な政策ヴィジョンを追求することがますます重要となる。しかし、そのため政策綱領は単純明快なスローガンにすぎなくなった。そして、結局のところ、スローガンの効力も候補者の「人格《パーソナリティ》」やコミュニケーション能力によって決まるようになったのである。候補者の資質は、よく誤解されるのだが、一般の聴衆に対する「アピール」や好感度といった人柄だけに還元できるものではない。それに劣らず重要なのは、政府・企業・団体などにおける経歴や政財界との人脈である。昔とくらべて変わったことといえば、こうした「資源」が政党から独立して得られていたことである。候補者は今では政党の干渉を受けずに「資源」を動かせるのだ。

政治資金についても、候補者の政党からの自律性はますます強くなった。予備選挙が広まったため、何よりもまず選挙運動期間が長くなり、同時にマス・メディアの関与する度合いが高まった。この二つの要因があいまって、選挙費用はうなぎのぼりに増大した。その結果、政治資金を集めるためのより洗練された方式を編み出す必要に迫られた。最初のころは、選挙運動の資金についても、ボランティアによる選挙活動という面でも、大半を政党が負担していた。しかし「候補者を中心とする」政治の時代になると、増大する選挙運動費は、候補者やその支援組織である「政治活動委員会」(PAC: Political Action Committe) が、直接負担するようになった。

こうして政党の民主化を求める下からの運動は、選挙資金に関するかぎり、多くの点で民主化とは正反対の垂直的な序列化を、ほんの数年のうちに生み出した。また、候補者の周りに集まる活動家の役割そのものも専門職《プロフェッショナル》の色彩を強めていった。高給で雇われた専門家《エキスパート》か、ボランティアといっても多くは一定の俸給を受け取る活動家だった。根本的に変化したのは、活動家の役割であった。活動家の役割は、当初は社会の要求を汲みあげることであった。それが候補者のメッセージを広めるという、メディア時代に典型的な役割に変わっていったのである。

伝統的な政党では、政党活動家《ミリタント》は社会のさまざまな部門が提起する要求の「情報端末機《インテリジェント・ターミナル》」として重要な役割を果たしてきた。政党活動家は新しいトレンドの「アンテナ」であり、社会の緊張度の「体温計」であった。彼らは毛細血管のように社会に広がり、有権者の選好を測るシステムを構成していたのだ。そして、どの方針を選ぶべきかを決めるのに必要な情報を、党組織や党指導部に提供してきたのである。政党の役割が消滅すると、政党が社会を代表したり社会の要求を表現する能力も消えていった。それにともなって、政治的決定に民主的な正統性を与えるという、これまで政党が担ってきた基本的な役割を、世論調査という新たなチャンネルが次第に奪い取っていくことになった。

現代の選挙運動は、候補者を中心としたコミュニケーションの人格化にもとづいているため、戦略的な方針を決めるうえで、いちばん重視するのは世論調査である。世論調査を通じて、候補者組織は、精力を集中すべきテーマをどう選択するか、メッセージごとに違った反応を示す有権者のうちどの有権者をターゲットにするか、どうすれば人々と最適なコミュニケーションがとれるかなどについて決め手となる情報を獲得する。選挙運動は、規模が大きくなるにつれて、世論調査や広告の事前テストの一種である「フォーカス・グループ法」を使って大衆の声を徹底的に「ふるい分け《スクリーニング》」してからおこなわれるようになった。このようにして作りあげた候補者のメッセージが、今度は世論に向けて発せられる。テレビCMの場合もあれば、活動家による個別訪問の場合もあった。

現代の選挙運動において世論調査が中心的な役割を占めていることに対しては、ひじょうに厳しい批判が投げかけられている。ある者は、人々の選好を示す方法として世論調査は不適切だと批判する。人々が自分から情報を得ようとはせず、多くの場合は無関心である以上、世論調査では表層的なことしかわからないからだ。またある者は、世論調査が「人気投票《ポーリング》」という真の専制君主、すなわち「世論調査支配《ソンドクラツィア》」の道具に他ならないと批判する。とくに世論調査がテレビの恣意的な利用と結びついて「麻薬の入った」情報チャンネルとなり、有権者をある一定の方向に誘導するならば、世論操作と同じことになってしまうからである(9)。

しかしながら、こうした批判を受けたからといって、世論調査の支配的な役割が弱まったようには思えない。それどころか、こうした批判は、世論を形成し、統合するという政党の重要な役割が衰退したのと同じように、世論形成のチャンネルがすでに大きく変わったことを軽視する口実ともなりかねないのである。数年後にはインターネットによる双方向的な伝達手段が導入され、政治の世界では世論調査が以前にもまして重要な政策決定の道具として用いられるようになるだろう。アメリカでは世論調査という手段は、地方政治であれ大統領選挙であれ、「候補者を中心とする政党」が確立するうえで決定的な意味をもっていた。それどころか専門的な世論調査を駆使すれば、衰弱してはいるがまだ死に絶えていない政党組織でも再活性化できるのである。イギリス労働党の奇跡的な復活がそれを証明していた。

実際、「直接主義」の攻撃に直面したときに、恐竜と化した政党には「候補者を中心とする政党」になるというアメリカ型の選択肢しかないわけではなかった。この他にも、少なくとも三つの可能性があった。第一の可能性は、現実にはもはや果たすことのできない社会的要求の伝達という役割を、誇りからか虚栄心からか、もう一度提起して、これまでの自分のアイデンティティを過剰なまでに防衛し、自分自身の殻に閉じこもってしまうことである。第二の可能性は、制度権力へのアクセスをさらに強めることで、これからも長期にわたって政府を独占しつづけられるという幻想を抱いて、国家のなかに閉じこもってしまうことである。これら二つの対応は、とりわけ二流の政党、すなわち革新的な挑戦を理解したり受け入れたりできない政党では共存していることが多い。最後になるが、第三の可能性とは、政党が「外洋航海」に乗りだすことを受け入れる場合である。それができたのは、奈落の底まで落ちてしまうのが怖かったか、先見の明ある野心的な指導者に引っ張られたか、のいずれかの理由による。これが「新しい労働党《ニュー・レーバー》」の選んだ道だった。イギリス労働党は、メディアが生み出した新しいシナリオに適応し、有権者とのコミュニケーションのとり方を上から下まで一新して、壊滅的な敗北という奈落の底から這い上がることに成功した、古いヨーロッパでは唯一の大衆政党であった。

注

（1） M. Calise, *Governo di partito. Antecedenti e conseguenze in America*, Il Mulino, Bologna 1989.

（2） S. Fabbrini, *Il Principe democratico. La leadership nelle democrazie contemporanee*, Laterza, Roma-Bari 1999, p. 36.

（3） R. Rose, "British Government: The Job at the Top," in R. Rose & E. N. Suleiman (eds.), *Presidents and Prime Ministers*, American Enterprise Institute for Public Policy Research, Washington 1980; J. Foley, *The Rise of the British Presidency*, Manchester University Press, Manchester 1993.

（4） T. Poguntke & P. D. Webb (eds.), *The Presidentialization of Politics. A Comparative Study of Modern Democracies*, Oxford University Press, Oxford 2005.

（5） L. Cavalli, *Il capo carismatico*, Il Mulino, Bologna 1981.

（6） T. J. Lowi, *The Personal President. Power Invested, Promise Unfulfilled*, Cornell University Press, Ithaca 1985.

（7） T. C. Green & D. M. Shea (eds.), *The State of the Parties: The Changing Role of Contemporary American Parties*, Rowman and Littlefield, Lanham 1999.

（8） E. Melchionda, *Alle origini delle primarie. Democrazia e direttismo nell'America dell'età progressista*, Ediesse, Roma 2005.

（9） G. Sartori, *Homo videns*, Laterza, Roma-Bari 1999; M. Calise, *La costituzione silenziosa. Geografia dei nuovi poteri*, Laterza, Roma-Bari 1998, pp. 115–120.

第5章　イギリス労働党の雪辱

イギリス労働党は、一九八三年の総選挙で史上最低の得票率を記した政党であった。二八パーセントという数字は、一九〇〇年の結党以来最低の記録であった。第三党の社会民主党・自由党連合ともわずか二ポイントの差しかなかった。もはや労働党は、この連合によってイギリスの政治の舞台から追い払われてしまったかのように思われた。しかし一五年というきわめて長い年月を経たのちに、労働党は得票率でも議席数でも圧倒的な勝利を収め、政権の座に返り咲くことに成功した。このどんでん返しの謎を解く重要な鍵があった。党のコミュニケーション機能を戦略的に集権化したことである。それを専門家からなる有能なスタッフに任せ、党首の徹底的な売り込みを軸にすえた。かくして党首が新しい党の「保証書」となり、そのイメージを演出する「セールスマン」となった。その意味において、すでに「人格化《パーソナリゼーション》」はメディア市場で効果的に競争するための不可欠な資源となっていた。ただし、それは党の変革およびその必要性ときわめて密接な関係にある。いいかえると政治の人格化は、主要な争点《イッシュー》をめぐる党の新しい立場を表すコミユニケーション回路として採択された。それゆえ、まず最初に統一的なコミュニケーション戦略があって、それにもとづいて党綱領の刷新とリーダーの人格化が図られたのである。

労働党が企てた対内的・対外的な「革命」の指導方針を列挙していくだけで、党内保守派の抵抗がいかに大きかったかが想像できる。こうした大規模な改革によって、コミュニケーション機能を伝統的に担ってきた党機関が権限を失った。実際、以前の労働党では、地方活動家のネットワークと、図体だけは大きいが衰えの目立つ労働組合のネットワークが、コミュニケーション機能のほとんどを担っていた。だが、それは次第に「自己言及的な《セルフ・レフェレンシャル》」ネットワークとなっていった。身近な有権者仲間に訴えかけることしかできなくなっていたのである。党のシンパだけを対象としていたため、大衆政党のコミュニケーションはすでに悪循環に陥っていた。世論は、ますます多様化する社会を反映していた以上、当然のことながら党が囲い込んだサークルの外にあった。世論に訴えかける方法は、もう一つの回路、すなわちメディアしかなかった。だが党にはその回路を開発したり利用したりする能力がなかったのである。

したがって、新しいコミュニケーション技術を導入するにしても、それを決定し実施する新たな部局を創るにしても、ゆっくり段階的に進めるしかなかった。なんども選挙に負けたため、党内反主流派には無用の長物と思われていたにもかかわらず、新たなコミュニケーション技術の導入は進められた。そうした過程は緊密に絡みあってはいるが、一括りにできるほど単純ではなく、次の三つの変数を軸に進められていった。「専門職化《プロフェッショナリゼーション》」、「集権化《セントラリゼーション》」、「人格化《パーソナリゼーション》」である(1)。いずれも政党組織という文脈にはつねに存在する変数だったが、「新しい労働党《ニュー・レーバー》」の場合には、新旧のメディアや、だんだんと政党の伝統的な回路やメッセージに拒否反応を示すようになった世論がヘゲモニーを握る新たなコミュニケーション環境にあわせて再定義されたのである。

政党の古い幹に、コミュニケーションの世界から新たな専門性が接木されたことを最もよく示すのは「影のコミュニケーション総局」（SCA: Shadow Communication Agency）であった。総選挙の大敗北に対処するため、一九八五年に党首のキノックによって創設された部局である。新たに選ばれた党首キノックは、組織が総崩れとなったおかげで、かえって党本部や伝統的な担当部局から、たくさんの権限を奪い取ることができた。そして、党外の専門家も加えて党首直属の部局を結成した。「「影のコミュニケーション総局」の特徴は、コミュニケーションの専門家に権限を集中させ、党首の直属としたことであった。メンバーには情報業界出身者（ジャーナリスト、テレビ番組制作者）や市場調査機関の創業者、広告業界出身者もいた。さらにはイギリスでは最良とされる社会学部から引き抜かれた者もいたのである(2)」。

こうした変化の大きさを完璧に理解するには、新たな専門性だけではなく、かかわった人数を見れば十分である。党首の相談役からなるごく少人数の顧問団《ブレーン・トラスト》の比ではなかった。鍵となるすべての専門領域に触手を伸ばそうとする真の実働部隊であった。「影のコミュニケーション総局」とともに、「一九八七年にはおよそ二〇〇〇人もの専門家が党の選挙運動のために働いていたと見積もられている(3)」。すべてがボランティア活動を基礎としていた。唯一の例外は中心となって調整役を務めたフィリップ・グールドであった。「影のコミュニケーション総局」のアイデアを最初に唱えたのはグールドであった。彼はアメリカ共和党をみてこのアイデアを思いついたのである。(4) こうして、新たな「戦略共同体」が創設された。(5) コミュニケーションの専門家から構成され、党首や政策コンサルタントときわめて密接な信頼関係にあった。この作戦の中心となる橋渡し役は、テレビ業界出身の専門家ピーター・マンデルソンであった。彼の主要な「資源」は、最初はキノック、次いでブレアがよせた無条件の信頼であった。

このような大規模な試みに、党機関が公然と反対したのも驚くにはあたらない。とりわけ左派の反対は大きかった。というのも左派は、コミュニケーションを底辺活動家による実践の賜物であり、有権者と「フェイス・ツー・フェイス」の関係で築いた財産だと考えたからである。さらに「影のコミュニケーション総局」の関与する領域が、コミュニケーション技術から有権者向けのイメージ戦略に変わったことも左派の態度を硬化させた。だが世論の大多数が労働党に抱いていた否定的なステレオ・タイプをうち壊さないかぎり、いくらメッセージの示し方を改善しても、ほとんど何の役にも立たないことはすぐに明らかとなった。そこで旧態依然とした経済政策や労働組合との緊密な関係という最も重要な問題に関して党綱領を改訂する必要が生じた。これは古い党機構の核心とぶつかるテーマであった。こうして「影のコミュニケーション総局」は「全国執行委員会のメンバーから、選挙運動のやり方を変え、世論調査の質問項目を決め、調査結果を解釈し、コミュニケーション戦略を自分たちだけで決めていると非難を浴びた。[…]党の「近代化」方針には数多くの左翼的「政策」の放棄と専門的なコミュニケーション方法が強調されていたため、批判的な人々は、コンサルタントや世論調査の専門家からなる職能団体に党の価値が叩き売られてしまったと考えたのである」(6)。

いいかえるとコミュニケーション部門の「専門職化」は、政策の優先順位の変更をともなった。有権者の期待にもっと合ったコミュニケーションを図るという名目で、古い労働党の綱領は一つずつ剝ぎとられ、新しい方針に取り替えられていった。こうして党の対外的メッセージを一本化していくことにより、戦略を集権化するための新たな形態が形成されていった。実際、コミュニケーション戦略が最後の最後まで効力を失わないためには、新しい方針のもとに一致団結した政党というイメージを示すことが不可欠であった。これまで党内抗争や党内分裂が、労働党の最大の障害であった。したがって「影のコミュニケーション総局」の主たる任務の一つは、最も重要な「争点」に関して統一した立場を党外に示すことができるような状態に、党全体をもっていくことであった。とりわけ選挙運動の重要な段階では、これが肝心であった。

容易に予想できることだが、「新しい労働党」の戦略は実のところ「永続的な選挙運動《パーマネント・キャンペーン》」という考えにもとづいていた。もし党イメージを回復させたいならば、主要な政治問題をめぐる労働党のアイデンティティとコミュニケーションを再建するための持続的な地をはうような努力が必要であった。あらゆる分野で全力投球が要求された。それにもかかわらず、選挙の勝敗がすべてに決着をつける決定的な瞬間であることに変わりはなかった。選挙があったからこそ、党中央に新しく設置された「影のコミュニケーション総局」も、新戦略から生まれた多彩なメディア・サービスを提供することで自らの優位が確保できたのである。実際、「新しい労働党」への転換に成功したのは、底辺組織が新戦略を受け入れて変革の必要性を理解し、これをチャンスと考えたからであった。この作戦は、とくに危機に陥った選挙区（業界用語では「限界選挙区《マージナル・コンスティチュエンシー》」）にてこ入れする形で進められた。「限界選挙区」とは、直近の総選挙で勝利した保守党候補者との得票差が僅差であった選挙区のことをいう。それゆえ議席の回復も容易だった。

こうした重点選挙区《キー・シート》で「新しい労働党」が展開した戦闘態勢のすさまじさを知るには、ほんの少し数字をあげるだけで十分である。「総選挙の二年も前から、およそ九〇の重点選挙区について、少なくとも五〇〇〇人の浮動票的な有権者のモニターを開始していた。潜在的な支持者には、訪問や電話で何度も直接的な接触を図り、ブレアの署名入りの手紙を送った。もっと若い有権者にはビデオを送った。各候補者には、浮動層のうち少なくとも一〇〇〇人を直接訪問するように勧めた。また、一回はブレアないしマンデルソンの応援演説を受け、ミルバンク・タワー（コミュニケーションの中央本部）から毎日アドバイスを受けることができた。そして必要に応じて、党が召集したボランティア活動家を利用したり、ミルバンク・タワーの支援を得て選挙運動をコンピューターでモニターする地域職員の事務所を開設することもできた[7]」。ミルバンク・タワーは、まさに「党の新たなコミュニケーションの司令塔であった。総工費二〇〇万ポンドをかけた二万平方フィートの建物で、ここで立てた作戦は（ブレアのオフィスと連携しながら）労働党の選挙戦略本部長ピーター・マンデルソンの指揮下に遂行された。おそらくマンデルソンは「戦略共同体」のなかで最大の威信と影響力をもつ人物であった[8]」。

このように戦略の集権化といっても、党の底辺組織が疎外されることなどまったくなかった。それどころか底辺組織は、ターゲットやメッセージの設定、高度な専門性を持つ意識調査の利用などにより、新たなコミュニケーションの方法に完全に組み込まれていったのである。「限界選挙区」の勝敗は、戦略の集権化すなわち利用可能なあらゆる資源の統制と集中にかかっていた。その点、労働党の選挙マシーンは十九世紀末のアメリカの政党を思い起こさせた。アメリカの政党は、大統領選挙に決定的な意味を持つ州では、イギリス労働党に劣らぬ組織網と力をそなえた「戦闘」部隊を投入して選挙戦を闘った。たとえばインディアナ州では、共和党を支持する有権者を五つのブロックに分け、文字どおりの個人カード・システムによって厳重に監視した[9]。地方ボスの一人、ロスコー・コンクリングは、政党は人間でできた機械《マシーン》だといったが、まさにそれを彷彿させるものであった[10]。だが決定的に違うところがあった。昔の党組織と比べて労働党の新たなマシーンでは、コミュニケーション業界からきた外部の専門家が操作する情報にしたがって活動家の任務が組織されていた。また、おそらくはこのほうがより重要な断絶と見なされるだろうが、党指導者こそが選挙市場で消費されるべき最大の「資源」であるとして、その有効利用を図るために人材や戦略の総力が投入されたのである。

つまり「人格化」は「専門職化」や「集権化」とならんで、労働党の再建過程を説明する第三の変数であった。労働党の場合には「革新《イノヴェーション》」というよりも、一〇年の遅れを取り戻すべく焦燥に駆られて努力したといったほうが適切であろう。マーガレット・サッチャーの指導力がイギリス政治の舞台で獲得した威信や人気と比べると、労働党にはこれといって知名度の高い指導者のいないことが積年の悩みであった。労働党の指導者たちは党内抗争に忙しく、厄介なイデオロギーのタブーに縛られていると世間は見ていた。「テレビ権力《ヴィデオ・パワー》」の時代にふさわしい政治指導者として必要な資質を、何一つ持ち合わせていない人々であった。労働党のたび重なる敗北の原因は、こうした人材不足にあった。そのためキノックの始めた党改革も、最初はなかなかうまくいかなかったのである。

しかも党イメージの根本的な転換の必要性を誰よりも自覚していた人物が、その転換を演じてみせるには相応しくない人物であることが皮肉にも明らかとなった。過去に何度も選挙に敗北し、テレビでうまく応答できないキノックには、「伝達者《コミュニケーター》」としてのいちばん大事な資質が欠けていた。人々にメッセージを受けとってもらうのに必要な信頼、能力、魅力がなかったのである。[11]キノックもこうしたイメージを変えようと努力しなかったわけではなかった。テレビ映えするようにイメージ・チェンジを図った。広場の政治集会ではなく、テレビカメラ用の照明を浴びながら演説をする練習をした。労働運動のリーダーという急進左派のイメージを、若い夫婦を大切にする中産階級のリーダーのイメージに変えるために、妻と過ごす様子を収めた宣伝ビデオも作成した。しかし結果は期待を裏切った。労働党は刷新されたはずなのに、一九九四年の総選挙では追風が吹いていたにもかかわらず、またもや敗北を喫してしまったのである。

その後、短期間ではあるが、こうした方針に反発して従来のやり方に戻そうとする動きがあり、ジョン・スミスが党首となった。三つの「革新」の要素がまとまり勝利に至ったのは、トニー・ブレアが党首となってからのことであった。トニー・ブレアの成功物語については、すでに誰もがよく知っている。ところが労働党内部では長い間組織改革に対する抵抗が根強く、それがかえってブレアの個人的な権力を強めるのに貢献したことは、それほどよく知られていない。ヨーロッパの政党の多くは停滞か、悪くすると自滅に近い状況にある。そんななかでイギリス労働党は、多くの斬新な要素を大胆に接木したおかげで、過去との連続性をある程度まではすくいあげることに、おそらくいちばん成功したといえよう。選挙をめぐる環境は、しだいに「専門職化」し「人格化」しつつある。そうした環境の下で「新しい労働党」はリーダーを中心に据えると同時に党改革に着手した。またマスコミの新たな規範にも従うようになった。アメリカでは大統領制の下で、政党はたんなる候補者支援組織となりつつある。他方、古いヨーロッパでは、多くの政党が停滞か自滅の道を歩んでいる。そのあいだにあって「新しい労働党」は、第三の道を一歩一歩歩んできた。それは妥協の道でもあった。「リーダーをとおして政党を売り込んで」きたからである。(12) いいかえると現代の選挙で支配的となってきた「人格化」を利用することにより、綱領の一貫性と統一性を党組織全体で回復しようとしたのである。

当然のことながら、こうした「第三の道」に未来があるのか、まだわからない。文脈を異にする他の国々のお手本になりうるのかも、まったくわからない。だがイタリアの読者も市民も、イギリス労働党の再編の経緯を知って、彼我の文化の違いにきっとショックを覚えることであろう。そして、不安に駆られ、政治に関するいくつもの問いを発するであろう。イギリスやその他の国々では、イギリス労働党の驚くべき復活の歴史は、数多くの場で分析され、語られてきた。研究文献も山ほどあるし、メディアでも激しい討論が交わされてきた。ところがイタリアでは、こうした経緯について研究も討論もされてこなかった。

イタリアで人々を支配したばかりか、人々を欺く「論点」となったのは、防腐処理がほどこされた剥製のようなイギリスの国制モデルであり、完全な二大政党制というアルカイックな神話であった。ところが、現実のイギリスでは政党を根本的に改革する実験がおこなわれ、政党組織の枠組みや戦略も内側から変革されていった。他方、イタリアではヴァーチャルなイギリス・モデルをめぐる論争が延々と繰り広げられていた。その結果、ウェストミンスター・モデルをそのまま模倣した選挙法（小選挙区制）さえあれば政党システムも変わるはずだという、机上の空論でしかない改革の道をたどった。ひとことでいえば、イタリア人はお手本にはならないほうのイギリスを見ていたのである。

しかし、そうこうするうちに、こうした机上の空論とは無関係に、イタリアの政党もまったく異なる道をたどることになった。

注

(1) P. Ferrari, *Il partito mediale*, Università di Firenze, 2000 (la tesi di dottorato).

(2) D. Martelli, “La comunicazione politica del New Labour,” in *Quaderni di Scienza Politica*, VI, 2, 1999, p. 306.

(3) P. D. Webb, “Party Organisational Change in Britain: The Iron Law of Centralization?,” in R. Katz & P. Mair (eds.), *How Parties Organize: Change and Adaptation in Party Organizations in Western Democracies*, Sage, London 1994, p. 125.

(4) P. D. Webb, “Election Campaigning, Organisational Transformation and the Professionalisation of the British Labour Party,” in *European Journal of Political Research*, XXI, 1992, p. 270.

(5) E. Shaw, *The Labour Party since 1979. Crisis and Transformation*, Routledge, London 1994, p. 57.

(6) D. Kavanagh, *Election Campaigning: The New Marketing of Politics*, Basil Blackwell, Oxford 1995, p. 7.

(7) D. Martelli, *La comunicazione politica, op. cit.*, p. 323; P. Norris, “The Battle for Campaign Agenda,” in A. King (ed.), *New Labour Triumphs: Britain at the Polls*, Chatam House, Chatam 1998, pp. 113–142.

(8) R. Hefferman & J. Stanyer, “The Enhancement of Leadership Power: The Labour Party and the Impact of Political communications,” in C. Pattie, D. Denver, J. Fisher & S. Ludlam (eds.), *British Election & Parties Review*, Frank Cass, London 1997, p. 173.

(9) M. Calise, *Governo di partito. Antecedenti e conseguenze in America*, Il Mulino, Bologna 1989, p. 96.

(10) M. Keller, *Affairs of State. Public Life in Late Nineteenth Century America*, Harvard University Press, Cambridge 1977, p. 248.

(11) E. Shaw, *The Labour Party, op. cit.*, p. 214.

（12）　P. Ferrari, *Il partito mediale, op. cit.*

第 II 部

Il ritorno del capo

指導者の復活

第6章　パーソナル・パーティ

イタリアほど急激に古い政党が危機に瀕した国は、西欧には見られない。イタリアの政党システムは、一般にヨーロッパでは最も安定していると考えられてきた。それが、ほんの数年で事実上崩壊してしまったのである。ここまで大きく壊れた原因をつきとめるには、検察による「賄賂都市《タンジェントポリ》」の捜査に端を発する構造汚職事件から、ソ連・東欧ブロックの解体に至るまで、さまざまな要因を検討しなければならない。イタリアの政党は、ある日を境に有権者の前で丸裸にされた。長いあいだ政党の無能力と貪欲を覆い隠してきたイデオロギーという楯が失われてしまった。だが、イタリアの政党システムがすでに何年も前からきしみはじめたことに、少なくとも研究者ならば気づいていた。組織や選挙といった政党の力を示すあらゆる指標が、わずか数年のうちに著しく低下した。「巨人」が倒れるという比喩を借りるなら、イタリアの政党は「粘土の足をもつ巨人」でしかなかったのである(1)。

イタリアの政党システムに生じた激震を説明したり論じたりするには、旧来の解釈の図式にまでさかのぼって考える必要がある。イタリアの政党システムを読み解く鍵は、五〇年ものあいだ「不完全な二大政党制」にあるとされてきた。キリスト教民主党が社会党や世俗的な小政党とともに政権を独占してきたのは、共産党が極左に位置づけられて、実質的に政権交代がおこなわれなかったためと言われた。二つの巨大な大衆政党はお互いに支えあい、一方のキリスト教民主党は権力の砦に、もう一方の共産党はイデオロギーの砦にたてこもったのである。ところがベルリンの壁が崩壊し、さらに汚職容疑で与党議員のほぼ全員が裁判にかけられたことで、イタリアでもやっと大転換、すなわち政権交代の準備が整った。政治学の理論家は「完全な二大政党制」の到来を期待し、切望したのである。

しかし政治学の理論家は、イタリアの二大政党が陥った急激な危機を計算に入れていなかった。有権者の三分の二をおさえていた二大政党は、わずか一〇年足らずのうちに、四分の一強の支持しか得られなくなった。残った四分の三の有権者は、あっというまに、それ以外の五〇もの政党に横取りされたのである。五〇という政党の数は、ヨーロッパではポーランド以外には例を見ない。こんな現状にもかかわらず、政治学者はまだ二大政党制をめぐる抽象的な議論に明け暮れていた。だが議論が進むにつれ、いくつか不都合な結果が生じた（それについては後述する）。しかし、このような評価や問題設定の誤りを政治学者だけの責任とするのは、いささか短絡的すぎるように思われる。ほとんどすべての政治家やメディア界の大物も、こぞって二大政党制に賛成していたからである。だが実際には二大政党制《ビパルティティズモ》（後に「二大陣営主義《ビポラリズモ》」というもっと曖昧な表現にこっそりすりかえられる）は、さも安心できる到達点であるかのごとき幻想を与えただけだった。政党がまったく違う傷に苛まれていたのに、二大政党制をめぐる議論は、まるでそんな傷を優しく癒してくれるかのようなベールで現実を覆い隠したのである。

事実、当時の議論は、どこから見ても不可能としかいえない制度改革の美名の下でおこなわれた。制度改革によって「法律」さえ変えれば、すでに消滅したはずの二大政党が、もう一度復活するというのである。だが政治権力は、既存の政治システム内に新たな均衡点を見出そうと、より現実的な道を選んだ。昔ながらの方式と、もっと新しい未知の方式というほうが、適切かもしれない。しかし、いずれの方式も、あい変わらず論争が続く二大政党制という王道とはかけ離れていた。むしろ第I部で説明した、もっと具体的な政党の変容過程に近かった。当然のこととはいえ、イタリアもそうした政党の変容過程とは無縁ではなかったのである。ただしイタリアの変化には、独自の性格と他では見られない加速度があった。

ヨーロッパでは、おそらく誰も予想もしなかっただろうが、イタリアは直接主義《ディレッティズモ》発祥の地となった。アメリカ版直接主義との大きな違いは国民投票の重要性である。アメリカで政党による媒介機能の危機を倍増させた変数が予備選挙制度だとすると、イタリアで政党システムを迂回するのに好都合な立法的枠組みを提供したのは国民投票であった。一九九〇年代になると国民投票を求める運動は、回数、テーマの範囲、注目度、そして何よりも政治的な効果という点で影響力を強めた。国民投票はもともと離婚法や妊娠中絶法のような市民的、倫理的な問題にかかわる大きなテーマを想定して制度化され、ふつうはたまにしかおこなわれないものであった。それが政治システムの永続的な構成要素に変わってしまったのである。[2] 事実、国民投票は選挙法を変えたように政治システムのいくつか重要な特徴を変えてしまった。それどころか、政治システムの主要なアクターの戦略や行動までも条件づけてしまったのである。一九九〇年代のイタリア政治は、多くの点で「国民投票民主主義《レファレンダム・デモクラシー》」であったと定義することができよう。[3]

しかし、国民投票を求める運動は、政党と政党機構を空洞化するのに好都合で効果的な手段というだけではなかった。イタリアでは長年にわたり忘却され忌避されてきた現象が、復活するのに適した環境を創りだすことにもなった。すなわちカリスマ的指導者の台頭である。すでに一九八〇年代にイタリアの政治は、強烈な個性の持ち主が首相の座に就いたため、大きく揺れ動いていた。とりわけ社会党のベッティーノ・クラクシによるリーダーシップは、それまでのキリスト教民主党を中心とする、寝ぼけたような政党寡頭制支配とはまったく異なる歩みを印した。政治の人格化や演劇化の進行に関する分析が急増したのも、その頃であった。その一方で、「強い人間《ウォーモ・フォルテ》」の登場を警戒する声も消えることはなかった。しかし現実には、社会党のクラクシ書記長だけではなく、その他の政党書記長や幹事長の「主役意識《プロタゴニズム》」が強まったとしても、たいていの人は背後の党組織を念頭においていた。党組織はまだ権力資源の主要な貯蔵庫であった。ただそれを利用するにあたり、党指導者に生来そなわった資質や野心が強調されることになったのである。

しかし、マリオ・セーニが長期間率いた国民投票を求める運動では、新しいタイプのリーダーシップの確立をみた。政党の後ろ盾は重要でないばかりか、むしろはっきりと否定され、放棄された。国民投票により市民と指導者とのあいだに樹立されたのは、新たな政治制度の「創設期《スタートゥ・ナスケンティ》」に見られる関係であった。新たな冒険や新たな目標に対する熱狂、そして国民投票運動と完全に一体化した政治指導者に対する熱狂が生まれた。イタリア政治の舞台でカリスマ的指導者の復活がいっそう際立ったのは、国民投票を求める運動の挑戦が新たな政治制度の創設という性格をもっていたからである。いいかえると、現行体制の根底的な変革を目標としていた。セーニの率いる国民投票を求める運動がシンボルとした隠喩《メタファー》は、イタリア「第二共和制《セコンダ・レプッブリカ》」の創設であった。それによって一般の人々はこんな想像をめぐらせたのである。現在のイタリア共和国は、政党が文句なしの主役であった憲法制定会議によって成立した。それゆえ政党に基礎をおく共和国である。それが新しい共和制に変わるのだ。その柱となるのはマリオ・セーニの名前を冠した選挙法改正法案による小選挙区制の導入である、と。

マリオ・セーニ個人の人気は、あっというまに予想もしない形で衰えてしまった。ところが彼が指導者と市民との関係にもたらした根底的な革新は、イタリアの政治システムの中心にも周縁にも一気に広がっていった。こうしたリーダーシップが最初に見られたのは左翼であった。一九九三年の地方選挙で、左翼は新しいタイプの市長候補者を擁立した。地方選挙制度が、これまでの市議会議員を選挙する方式から市長を直接選挙する方式に変わったために、左翼はアメリカ大統領選式の選挙運動、直接主義が有効と考えた。政党というフィルターを通さず、選挙では市民と候補者が直接的な関係をもつほうが、良いとされたのである。新たな地方選挙制度により、市長の直接選挙だけではなく、第一回投票で過半数をとる候補者がいなければ、二週間後に決選投票がおこなわれた。それゆえ市長の選挙運動は、アメリカの予備選挙ときわめてよく似た役割を果たすことになった。市長選挙は候補者の人格を前面に押し出し、いままで以上にテレビや新聞に依存した新たな選挙活動が確立される練習場となったのである。

新しい市長の直接主義が急激に台頭したのは、ひとつには政党の劇的な危機のせいであった。まさにその頃、政党は賄賂都市《タンジェントポリ》疑惑のまっただなかにあった。新しい地方選挙制度によって直接主義がもたらされたというよりは、それが避けられなかったといったほうが正しい。しかし直接主義という新たな方式が成功した最大の理由は、国民投票の経験をとおして、直接民主主義に好意的な世論が作りだされていたことであった。人々は直接民主主義が指導者を選ぶのに最も進化したやり方だと考えるようになった。シルヴィオ・ベルルスコーニが、一介の企業経営者からイタリア共和国の内閣総理大臣にわずか数か月で変身する手がかりをつかんだのも、まさにこのような政治や文化をめぐる世論のおかげであった。

ただ、市長の直接主義とベルルスコーニのそれとは、指導者と市民の直接的な結びつきの規模が大きく違った。新しい市長は、地域的なアイデンティティを、すなわち、これまで無視されてきたが決して消えることのなかった都市市民の伝統を利用することで、呼び覚まそうとした。これは市民との親密な関係をとり戻しながらおこなわれた。旧来の政党の伝統にしたがい、地区ごとに戸別訪問を繰り返したのである。候補者が自ら直接出向くという点が、今までと違っていた。メディアも市長選挙の人格化にそれなりに貢献した。新聞の紙面は候補者個人の資質だけに焦点を絞った。また、ローカル・テレビでは候補者どうしの激しい論戦が繰り広げられた。そうはいっても、この現象は一都市の観客を対象とする比較的限られた規模にとどまった。

それに対して、ベルルスコーニは、全国規模の「聴衆」に対峙しなければならなかった。イタリア半島の隅々にまで、何千万人もの市民に対して自分のメッセージを伝えなければならなかった。しかも、そのすべてをほんの数か月でやらなければならなかったのである。こうした大規模な挑戦では、テレビは何にも替えがたい手段となった。そしてこの電撃戦が成功したのは、イタリア最大の企業集団である「メディアセット」の所有者ベルルスコーニがこの武器を最大限利用したからといわれたのも当然であった。というのも、西欧民主主義国ではかつて例をみない現象であったからである。六か月ものあいだベルルスコーニが所有する三つの全国テレビ・ネットは、政界の新星と彼の政党を支援するメッセージをイタリア人に浴びせかけた。そればかりか著名なテレビ司会者にはっきりと支持宣言をさせたり、サブリミナルな効果を狙った高度なコミュニケーション・テクニックを駆使したりしたのである。しかし、ベルルスコーニがこれほどまで短期間に目標を達成したのは、彼のテレビ帝国が重要な役割を果たしたからというだけでは不十分であった。

それと同じくらい決定的な要因は、国民投票を求める運動で確立したコミュニケーション・コードを右翼／左翼の対立という文脈で利用できたことにあった。このコミュニケーション・コードは、敵／味方の対立であるとか、わかりやすい身近な問題の解決策について賛成／反対かを問うといった二項対立的なものであった。ベルルスコーニがあっというまに無名の企業家からみんなが認める指導者に変身できたのは、彼に伝達者《コミュニケーター》としての才覚があったというよりも、マリオ・セーニとその国民投票を求める運動が描いた下書きをなぞることができたからであった。もう一人別の指導者が、一国の運命を手中に収めるという決定的な目標を掲げ、セーニとはまったく異なる戦いに登場したのである。セーニにとって第二共和制《セコンダ・レプッブリカ》という新たな航路を開くことが課題であったとするならば、ベルルスコーニにとっての課題は共産主義の危険からこの国を救うことであった。だが、有権者と指導者が一体化するメカニズムは同じである。古い政党の外にいた有権者は、それに対抗するように動員された。そうした目標に有権者を引っ張ったのは指導者だった。

直接選挙で選ばれた市長に体現される新たな地方リーダーや、マリオ・セーニを嚆矢としシルヴィオ・ベルルスコーニが確立したカリスマ的な全国リーダーに続き、イタリア政治の舞台で大きな位置を占める第三のタイプのリーダーシップがあった。これは前例がないどころか、むしろイタリアの伝統に深く根を下ろした現象といえる。すなわち名望家の権力である。それは強力な地方主義的《ローカリスティック》地盤を有する人格的《パーソナル》な権力であるが、全国レベルの組織で上昇していくための手段として政党を利用する。キリスト教民主党政権のシステムは、このようなタイプの政治家の人格的で縁故的な接着剤を用いて中心と周縁を結びつける能力に、長いあいだ依拠してきた。ところが一九九〇年代の危機で、名望家のリーダーシップが復活し、きわめて重要な役割を果たすようになった。ただし、名望家が全国レベルでコミュニケーションをとる回路は、もはや政党が提供するものではなかった。むしろそれは政党システムの「断片化《フラグメンテーション》」からもたらされたのである。

名望家のミクロ政党は近年その数をひじょうに増やしている。こうしたミクロ政党は、かつて隆盛を誇った政党派閥と繋がりをもっていた[4]。しかし今では新たな選挙制度が提供する数多くの機会を利用し、自力で公海を航行することを余儀なくされている。ランベルト・ディーニの「イタリアの革新」やロッコ・ブッティリオーネの「統一キリスト教民主主義者」のように、全国レベルで選挙戦を戦うことができる政党もなかったわけではない。しかし、たいていの政党は、党派や主義主張を超えた利益配分による多数派工作を意味する「トラスフォルミズモ」というイタリアではいまだ命脈を保つ伝統に従って、議員どうしが合従連衡するなかから生まれた。だがいずれにせよ、これらのミクロ政党は小選挙区制に起因する二つのタイプの断片化をとりもつ媒介者となり、接着剤となって生命力を得ていたのである。そのひとつは周縁における断片化である。というのも小選挙区制によって「手作り《ドゥー・イット・ユアセルフ》」型候補者組織の形成が容易となったからである。もうひとつは中心における断片化である。小選挙区制が導入されたイタリアでは、中道右派と中道左派の二大陣営が対峙するようになった。ところが、いずれの陣営にも同質性と安定性が欠けていた。そのため党派や主義主張には何のこだわりもない、見方によれば政治的な意味で企業家精神に富む「傭兵隊長」すなわち名望家型政治家に、縦横無尽に動きつづける機会が与えられたのである。

以上のような紆余曲折を経て、新しいリーダーや昔ながらの小粒のリーダーが現れた。そうしたなか、長いあいだ無用の長物とされてきた「首相官邸《パラッツォ・キジ》」の優位が近年顕著になってきた。これはここ二五年間のイタリア政治システムに生じた最も新しい現象である。イタリアについにその名に相応しい「政府」が出現し、確立をみたのである。研究者も世論もあまり気にとめなかったが、政治家にはつとに知られた現象であった。というのも政治家は以前から首相ポストを獲得することだけを目標として競い合っていたからである。首相官邸の優位は賄賂都市疑惑のさなか、イタリアの政治システムを根本からひっくり返す大変動であった。それまでイタリアでは権力は無数の断片に分割されていた。実際、かつてのキリスト教民主党では「チェンチェッリのマニュアル」といわれるものがあり、それにもとづいて各派閥の勢力やポストの比重を勘案し、権力という大きなジャングルを構成する一本一本の木に至るまで利益を配分してきたのである。その政治システムが解体し、かわりにすべての重要な決定が首相のテーブルで下されるという求心的なメカニズムが出現したのである。

強い首相の出現は、それに対する備えもなく力もない政党に二重の意味で打撃を与えた。ひとつは、「第一共和制」がこれまで依拠し、「第二共和制」もこれから依拠しなければならない、連立政権という方式が危機に陥ったことである。それは、社会党のクラクシ首相からキリスト教民主党のデ・ミータ首相にバトン・タッチをしたころに見られたような、連立与党の政党数の問題ではなかった。むしろ一二の政党からなる中道左派政権のほうが、三つの政党からなる中道右派政権よりも結果的にうまくいくこともあり得た。北部同盟の「寝返り」で中道右派政権は崩壊したからである。中道右派政権の一翼を担った国民同盟も、ベルルスコーニにくっついていても絶対に政権に復帰できないとなれば、おそらく同じように寝返るだろう。そうではなくて首相官邸が放つスポットライトの外に五年間我慢して居つづけることのできる小政党（や大政党）が連立与党にいないことが問題であった。小政党はそのつど現れる巨人ゴリアテに立ち向かうたくさんのダヴィデのようなもので、投石器で政権の灯を消すぞと絶えず脅かしつづけた。たいていは脅しにすぎなかったが、残念なことに、時には実行に移すこともあった。

強い首相は、連立政権にとっての脅威だけではなかった。政党にとっても致命的な危険を意味していた。「第一共和制」の政党にとって、首相が優位に立つ新しい制度に適応することは、「切腹《はらきり》」にも等しいコペルニクス的転回に他ならなかった。こうしてキリスト教民主党は、流れに身をまかせつつ、受動的な抵抗という安楽死の道を選んだ。それと同じ理由で、首相の権力と政党のリーダーシップとを一致させようとして成功した試みが一つだけあった。「フォルツァ・イタリア《がんばれイタリア》」である。それはまったく新しいタイプの家産的《パトリモニアル》な政党であった。その内部に未知の問題や矛盾が潜んでいたのはいうまでもない。

旧来の政党と首相の乖離が進むにつれて、いわば「首相党《パーティ・オヴ・プルミア》」とでもいうべきものが形成されていった。つねに制度と政治のあいだに位置する「パーソナル・パーティ」であり、実際、政治的求心力を政党から首相官邸に移そうとする、一時しのぎの解決策であった。首相の任期が終われば消滅してしまうと思われていたのも事実であった。しかし実際には、プローディが結成した「民主主義者」を見ても明らかなように、それまでの均衡を崩すだけの力は持っていた。もっと強力なまとまりのある政党がイタリアに生まれないかぎり、おそらくこれからもいくつもの首相党が首相官邸から誕生するであろう。

注

(1) M. Cotta & P. Isernia (eds.), *Il gigante dai piedi di argilla. Le ragioni della crisi della prima repubblica: partiti e politiche dagli anni'80 a Mani pilite*, Il Mulino, Bologna 1996; M. Calise, *La costituzione silenziosa. Geografia dei nuovi poteri*, Laterza, Roma-Bari 1998, pp.17-32.
(2) A. Chimenti, *Storia dei Referendum*, Laterza, Roma-Bari 1999.
(3) M. Fedele, *Democrazia referendaria*, Donzelli, Roma 1994.
(4) この問題に注意を向けるよう私に促してくれたのは、政党派閥研究の第一人者フランコ・カッツォーラ教授である。ここに記して謝意を表したい。

※〔本章は二〇〇〇年までのイタリアの政治状況にもとづいて執筆されている〕。

第7章　民主主義の時代の「君主《プリンチペ》」

「第二共和制」の理念が、いきなり選挙制度改革に足をとられるという惨めなことにならなかったのは、一九九三年の地方選挙で選ばれた市長たちが信頼感をもたらしたからである。この地方選挙は、イタリア市民のみんなが直接選挙を具体的に体験した最初の機会だった。その後数年間、都市は制度改革に関して唯一正当な実験室であるかのように見なされた。中央では「大改革」や合意（そんなものはありえないが）をめぐって論争が続いたが、地方では統治者と被治者のあいだに新たな協定が結ばれ、真剣な実験が試みられていた。イタリアの市民文化が、都市国家の伝統と誇りを回復することによって、いくつもの都市において再生した。このような市民のニュー・ディール政策を率いたのは、もはや時代遅れのイデオロギー以外にはまともな綱領もない政党ではなく、直接有権者に向かって投票を呼びかける啓蒙的なリーダーであった。イタリアの歴史の貯蔵庫のなかから「君主《プリンチペ》」論の神話が再び現れたのである。とはいえ民主的正統性の祝福は受けていたのだが(1)。

「市長の春」が始まったのは、選挙制度改革から数か月後のことであった。一九九三年六月にトリノとミラノで新選挙法にもとづく投票が初めて実施されたころには、市長の直接選挙といっても、まだ誰も知らない隠れた潜在力をもつメカニズムでしかなかった。このときは候補者が乱立して選挙戦が泥沼化し、決選投票を含む二回投票制にまだ慣れていなかったため、過ちや経験不足が勝敗を左右した。これは今まで見たこともない、しかも複雑なゲームであった。あたりまえのことだが、過ちを犯しながら学習していくしかなかった。左翼「進歩主義者《プログレッシスティ》」はこの選挙で壊滅的な敗北を喫したことを糧とした。そして同年秋に主要都市と多くの中小都市でおこなわれた市長選挙では勝利を収め、新たな歴史を生みだすことに成功したのである。

市長たちの革命に寄与した文化的、政治的な要因を分析するまえに忘れてならないのは、市長権限と市長選挙に関する法律の改定による制度的枠組みの変化が決定的な役割を果たしたことである。イタリアで改革が成功するのはごく稀なことであり、この法律もキリスト教民主党と社会党を主軸とする「五党連立《ペンタパルティート》」政権の時代にひっそりと成立していた。だが、明らかに選挙メカニズムの原理が変わったのである。決選投票を含む二回投票制による市長の直接選挙は、三つの新たな要因をもたらした。そのいずれもが伝統的な政党を破壊する力を持っていた。第一の要因は市長選挙のメカニズムにあった。かつて市長は党員でもある市議会議員の互選で決められていたが、市民が直接選挙することになったからである。それまでの市議会は慢性的な不安定を特徴としていた。市長といっても、ばらばらとなって内部抗争に明け暮れる市議会多数派に手足を縛られた人質の役割しか果たせなかった。たとえばナポリ市議会では、一九七五年に初めて左翼が多数派となって以来、一九八三年まで表面的にはずっと多数派を維持していたが、その間、市政を実質的に担う理事会は六回も交代していた。それが行政活動の連続性や安定にどれほど悪影響を及ぼしたかは容易に想像できるであろう。

第二の要因も劣らず重要である。それは市長が理事《アッセッソーレ》の直接任命権を獲得したことである。しかも理事は市議会議員以外から選任することが義務づけられた（市議会議員が理事に就任する場合は議員を辞職しなければならない）。このように市長と市議会の権限が制度上分離されるシステムがつくられたのである。市長は自らが信頼するチームと一緒に日常的な行政活動に専念し、市議会はとくに重要な問題に限られた立法活動に専念することになった。かつての市議会は国会の醜悪なメカニズムの引き写しにすぎなかった。いまやイタリアの都市は、小型の大統領制という実験に乗り出したのである。

第三の要因は、市長が政治の人格化における地方レベルの実験場となるにあたって、決定的な意味を持つことになった。それは市長とメディアの緊密な関係である。自らの人格や庶民とのコミュニケーション能力を必死でアピールしようとした市長候補者が生みだす巨大なビジネス・チャンスを、新聞が見逃すわけはなかった。庶民には縁遠い大物政治家の争いではなく、これまでにない本物の政治対決を記事にする機会をついに新聞は手に入れたのである。従来の政治面は政界裏話に類する秘密情報を暴露するかのようでいながら、その実どの新聞もほとんど似たり寄ったりで、たいていはごく少数の政治記者の独壇場となっていた。他方、市長の側にも、候補者のときであれ市長となってからであれ、市民との身近で直接的な回路をつくりたいという切実な願いがあった。メディアも進んで新しい市長の「共鳴箱」になろうとした。アメリカでよく用いられる表現を使えば、市民の「番犬」となろうとしたのである。

以上三つの要因は、すでに見てきたように国民投票を求める運動が直接主義に有利な政治環境をもたらしたおかげもあって、肥沃な土壌を見出した。マリオ・セーニは小選挙区制の導入という選挙制度改革を旗印とする国民投票運動で勝利を収めた。その一年後、ついに市民は新しい仕組みを実験する機会を手にした。創成期の「第二共和制《セコンダ・レプッブリカ》」がもたらした新たな民主主義イデオロギーが直接主義であるとするならば、その最初の、おそらくは唯一の受益者は市長だった。

しかし市長による革命の成功を分析するには、イタリアの政治的伝統に由来する二つの歴史的な要因に触れなければ十分とはいえない。なぜならば、この二つの要因は、直接主義や人格化という政治の地殻変動とは関係なかったにもかかわらず、地方行政における新たな経験の確立に決定的な役割を果たしたからである。すなわち「都市自治主義《ムニチパリズモ》」と「ポピュリズム」である。自治都市《コムーネ》が、イタリアの制度機構にとって唯一ではないにせよ、主要な「長期持続《ロング・デュレ》」的資源だということは、歴史家にはよく知られた事実である。そして最近では経済学者までもが、国際的に関心の高い「第三のイタリア《テルッァ・イタリア》」という経済モデルが成功した決定的な要因として、地方主義《ローカリズム》に注目するようになった。しかし、市長の革命によって、都市自治主義は初めて政治的再生の機会と見なされることになったのである。それまで政治の世界では、誇りや帰属意識はもっぱら政党やそのイデオロギーとして強調されてきた。ところが市長選挙では単純に一票を投じるだけでよくなったため、自分の意見を迷うことなく表明できるようになった有権者との絆を強めたいと考えていた地方リーダーにとって、市民アイデンティティを前面に押しだすことは貴重な資源となったのである。

しかし、新しい市長の多くが新たな選挙制度にひと工夫加えなかったならば、都市自治主義の資源も十分に活用できなかったように思われる。それは磨きあげられたポピュリズムのノウハウであった。それまでも、とくに労働運動出身の市長にとって、ポピュリズムは大衆有権者と接触するための唯一真っ当な手段であった。たしかに党支部や地方連盟との関係は、厳格な階級構造を持つ党幹部《ノメンクラトゥーラ》が取り仕切っていた。また、彼らの言葉使いもイデオロギー的な枠組みをはみ出すものではなかった。それにもかかわらず、党外の人とは、ポピュリズムにもとづくきわめて自由闊達な演説や行動規準にしたがって接していたのである。広場の政治集会での演説（幹部に抜擢されるためにはきわめて重要な要素だった）においても、戸別訪問（立派な指導者に出世するには不可欠の経験だった）においても、ポピュリズムは党員である職業政治家と有権者の好ましい関係を築く鍵となった。

小さな問題や具体的な解決策に注意深く耳を傾けて「普通の人」の視点を獲得する能力や、「普通の人」を不断に政治に巻き込んでいくことが「善い統治《ブオン・ゴヴェルノ》」と「善い政治《ブオナ・ポリティカ》」には不可欠だと強調するのは、一見したところ、自分のイデオロギー的な信念という鉄の壁に閉じこもる「共産党員《アパラトシック》」のステレオ・タイプと完全に対立するように見えるかもしれない。ところが、実際のところ、共産党では生粋の党官僚が、ポピュリスティックな経験を積むことは、レーニン主義的な党規律に劣らず重要とされてきたのである。(2) それどころか、こうした高度な熟練を必要とする市民との対話能力こそは、多くの左翼出身の市長が具体的な市政を実践するときの推進力となった。その最も象徴的な例が、ナポリ市長に選ばれたアントニオ・バッソリーノであった。マリオ・セーニは全力をあげて共産党出身の「党官僚《ノメンクラトゥーラ》」が市長候補となることに反対し、そのせいで「進歩主義者」との選挙連合は決裂するにいたった。しかし、わずか数年後にセーニは、その党幹部がイタリア人にいちばん人気のある市長になったと知ることになる。それはまた、直接主義には国民投票を求める運動以外にも多様な形態のあることを示していた。

しかし、メディアという過熱した反響装置や「普通の人」との直接的な結合は、資源となっただけではなかった。実施すべき政策《アジェンダ》の選択を拘束する条件ともなったのである。新しい市長は、高い人気、たくさんの権限、多くの期待を背に、やっと市役所までたどりついた。今度は、自分の限られたエネルギーをどのような方向に向けるのか決断を迫られることになったのである。都市行政は能率の悪い官僚制によって運営されており、往々にして財政破綻に陥っていた。しかも政治改革のまっただなかだったせいで、それまでかろうじて繋がっていた政党との結びつきも断ち切られてしまった。そうしたジャングルのような状況で、どんな政策が優先できたというのであろうか。そのうえ計画は立てても実行はしないという旧来の政治家の手口を暴露することが直接主義の長所とされていただけに、ますますやりにくくなった。どんな市長も候補者のときには、やるべきことのリストは頭の中にあったし、何らかの夢を抱いていた以上、優先順位はきちんと決まっていたはずである。しかし実際に市長選挙ともなれば、今度は人格的な魅力や信用にもとづいて戦わねばならない。その結果、市長とそのスローガンに信任が与えられる。つまり山積する問題のどこから手をつけるのかを決めるのは、結局、市長その人ということになるのである。

それゆえ、かくも広範にして不確実な責任を前にして、市長は象徴的な政策という近道を選ぶしか手がなかった(3)。まずは民主主義の「君主」がその力の根拠とした要素を維持しやすい分野から手をつけた(4)。それはメディアの注目を集めることと市民のテンションを高めることであった。象徴的な政策というと、たんなるイメージ戦略と捉えられて、どうも勘違いされるきらいがある。象徴的な政策の実際の効果は、多くの場合、きわめて具体的なものであった。その独自性は、メディアを使って（善い）イメージを伝えるだけではなく、コミュニケーションの主要な梃子としてメディアそのものを取り込むことにある。いともかんたんに注目を集めようとしたり、わざと論争を引きおこしたり、興奮をかきたてようとするような政策なのである。要するに、市長の行政的イニシャチヴを市民の幅広い層と直接結びつけることを目的とする政策なのである。したがって、新聞紙面や記者会見でニュースを流すだけに止まらない。それだけならば、公約は実行しようとすると必ず遅れが生じることから数多くの困難に妨げられてしまい、結局は何も言えなくなる。象徴的な政策というのはまったく逆で、安定した形で集合的な想像力の一部となることが目的なのである。

さらに、こうした政策は迅速におこなわれるのが常であった。また、象徴的な政策は、官僚機構のお役所仕事や抵抗と対決するのも特徴である。選ばれたばかりの市長にとって、いちばんの悩みは、旧来の制度を踏襲する官僚機構との関係を、どうやって築くかであった。しかも、こうした官僚機構はたいていが非能率的で人員過剰だった。したがって、いちばん必要なことは組織再編や人員削減といった断乎たる措置であったはずである。だが、こうした方向に舵を切れば、長い時間がかかるだけでなく、必ずや直ちに上から下まで官僚が真正面から抵抗するのは火を見るよりも明らかであった。ところが象徴的な政策という新しい作戦に集中すれば、短期間のうちに相当の成果を収めることができるし、行政機構内の職能団体のボイコットや報復を心配しなくてもよかった。

しかし、新しい市長と古い官僚機構との関係もいずれは断ち切られてしまう。中期的な観点から実際に「善い政治《ブォン・ゴヴェルノ》」の経験が定着をみたのは、人気という最初に得た財産を賢明にも行政刷新のような忍耐のいる仕事に投入した場合だけである。すでに法律により、市長には市職員に対する数多くの命令権が付与されていた。また近年の国家行政改革によって、それ以外の命令権も加えられた。だからなおのこと行政刷新には意味があったといえよう。専門能力の強化、永続的な職員教育、業務の漸進的な民営化、多数の市営企業体の外部化、これらが自己改革に真剣に取り組んでいる地方自治体の新たなスローガンであった。[5] 紙の上に列挙するだけならば、いとも簡単に実施できそうな目標である。しかし、一つでも理屈や言い訳があれば、それが見えない石となって、行政改革への道はふさがれてしまう。

行政改革と直接主義の法則を安易に同一視することはできない。直接主義が直ぐさま迅速に実施するという目標を立てたとしても、官僚制の改革は徐々にしか進まない。官僚制の歯車の一つひとつ、その手続きの一つひとつ、その文化の一つひとつを近代化の過程に巻き込んでいかなければならない。長い時間をかけて、多くの苦労を重ねて、初めて目に見える成果を手に入れることができる。要するに行政改革はコミュニケーションをとるのが容易ではないのだ。リーダーが目標までまっすぐ引っ張っていくという、強力な瞬発力に期待するような規範《コード》に慣れてしまった政治的文脈においては、とりわけそう感じられるものなのである。逆に、目標に向かって曲がりくねった道を粘り強くたどることを前提とすると、すぐに到達点はぼやけてしまう。中期的な目標についても同様である。一言でいったり短いスローガンにまとめたりすることのできない、またそうしてはならない現象がいくつもある。それなのに、そうした現象を分析する道具だてがないのである。

それもあって市民から直接選ばれた市長は、たとえ旧東欧共産主義諸国の選挙のように圧倒的多数の支持が得られたとしても、実際には独りぼっちで統治することを余儀なくされるのである。市長がつねに利用できる唯一の政党は、自分のスタッフだけだ。それは親密な協力者の集まりにすぎない。指導者と彼に忠実な人々からなるチームとはいえ、あくまでもインフォーマルな組織でしかない。人的な忠誠関係を補強するために、理事や市営事業の理事長などに任命してポストを与えることもできる。しかし、たとえ市長のインフォーマル組織が存在するとしても、市長の権力が単独支配的《モノクラティック》な性格をもつことに変わりはない。政治的決定に関して直接正統性が付与された唯一の存在は、リーダーに他ならなかったからである。たしかに貴重な貢献をしてくれる協力者はいるかもしれない。だからといって、市民と市長の政治的な関係が変わるわけではない。市民との関係はあくまでも市長個人の責任であり、そうした責任と市長の権力は不可分である。

そのため「市長党」の旗印の下、指導階級や政治階級をより安定した形で結集しようという試みは、多くの困難に遭遇した。運がよければ、まず市長候補を擁立する「市長党」が結成され、そこに連立する諸政党が相乗りしたり組み込まれたりする。ところが今までの経験によると、大都市の場合、その後の選挙運動の段階になると「市長党」の存続が困難となる。そして市長が任命されるや否や、「市長党」は必然的に使命を失う。「市長党」の使命は「君主」に仕えることではないからである。ルネサンス時代の宮廷ならば、こうした使命は存続したであろう。だが民主主義的な責任が求められる時代に政治の世界で生きたければ、見かけだけでも自立しているふりをする必要があった。だから市長に忠誠を誓うことはできなかったのである。

さらに「市長党」は、いつも何とかして伝統的な諸政党の公然たる敵意をかいくぐらなければならなかった。伝統的な諸政党は、市長の革命の時代をかろうじて生き延び、時とともに再編されていき、失った地位を取り戻していった。まずは市議会への復帰に努めた。そして少なくとも形の上では、市議会がまだ権限をもつ地方金融機関の人事に対する影響力を回復しようとした。その後、市長に決定権があると法律で定められた理事のポストを要求し、あらためて市政に食い込もうとした。伝統的な諸政党は、党内でも連立政党との関係でも、いまや実質的にはあらゆる面で「家長《パードレ・パドローネ》」となった市長にどう対応するかをめぐり、分裂していた。それにもかかわらず、「超党派的な市長党」という致命的な危険が生まれそうな時だけは、一致団結して抵抗することができた。それが実現すれば、伝統的諸政党が後継者争いから排除されてしまうことになったからである。まだ明文化されていない新しい市長の「首位権《プリマート》」に関する法則は次のようなものとなる。民主主義の「君主」は王杖を持っているが、それを使ってもよいのは「君主」だけである。ただしその孤独な冒険が終わるまでは、という条件がつくが。

注

（1） S. Fabbrini, *Il Principe democratico. La leadership nelle democrazie contemporanee*, Laterza, Roma-Bari, 1999.

（2） E. Pasotti, *Political Branding in Cities. The Decline of Machine Politics in Bogotà, Naples, and Chicago*, Cambridge University Press, New York 2010.

（3）R. di Leo, *La falce e la luna. Potere e politica nel cuore dell'Europa*, mimeo.

（4）B. Dente (ed.), *Le politiche pubbliche in Italia*, Il Mulino, Bologna 1990; M. Cilento, *Governo locale e politiche simboliche. Il caso Bagnoli*, Liguori, Napoli 2000.

（5）L. Vandelli, *Sindaci e miti. Sisifo, Tantalo e Damocle nell'amministrazione locale*, Il Mulino, Bologna 1997.

第8章　怖いもの知らずの「騎士《カヴァリエーレ》」

シルヴィオ・ベルルスコーニは、一九九四年一月、政界に出馬した。それはイタリア政治の決定的な分水嶺となった。それまでの苦難にみちた一〇数年の出来事のなかでも、イタリアの政治システムにこれほど多くの面で重大な影響を及ぼしたものはないと、後世の歴史家の眼にも映るであろう。ベルルスコーニ以降、戦後一貫して「政党支配体制《パルティートクラツィア》」の屋台骨を支え、隠蔽してきたタブーが丸裸にされてしまった。最初に槍玉に挙げられたタブーは、「右翼《デストラ》」の否定と排斥であった。右翼は、イタリアのいわば公認政治用語集では、絶対に認められない言葉だった。そうはいっても右翼はときおり顔をのぞかせた。それもテロリストの陰謀や組織犯罪といった、最も暴力的で手に負えないような形で。しかし、シルヴィオ・ベルルスコーニとともに、ついにイタリアの右翼も政党システムに加わり、その一翼を担うようになった。もっとも、それは西欧民主主義国ではどこでも見られることだった。こうしてイデオロギーのベールが引き裂かれたことによって、イタリア人は鏡に映った自分の姿をありのままに見るようになったのである。

ベルルスコーニはイタリア人に向かって、自分も「みんなの一人」であることを示そうとした。彼の「伝達者《コミュニケーター》」としての素質（専門家は往々にして疑わしいと考えている）よりもはるかに直接的な魅力は、自分自身を見せようとしたこと、「自力で成功した男《セルフ・メイド・マン》」というイメージを示そうとしたことであった。複雑な政策綱領や多少とも信頼できるメッセージのかわりに、ベルルスコーニは最も直接的なコミュニケーションの仕方を、そのまま公衆にぶつけた。金持ちの、いや大富豪のお手本がここにいると訴えかけたのである。イタリアの政治文化ではたてまえにせよ、金の話をするのは下品と考えられ、それにはイエズス会のような立場もあれば革命家の立場もあった。そのような政治文化のなかで、ベルルスコーニの恥も外聞もない親‐資本主義的なイデオロギーは竜巻のような効果をもった。一世紀もの間そんなことは口が裂けても言えなかったのに、ベルルスコーニの登場後わずか数か月にして、政党が初めてその声明や綱領で、政治のなかの損得勘定や好き嫌いもしょせんは普通の人が日々経験していることと、さしたる違いはないと認めたからである。古い政党も、右翼の登場とその脅威のせいで現実主義というサウナ風呂に入らざるをえなかった。

それはともかく、そこで示されていたのは象徴的なレベルの金銭という見果てぬ夢（もっと散文的にいえばすでに金持ちとなった人に対する彼の弁護）との単純な同一化ではなかった。優れた古典的な神話が（いうまでもなくハリウッドで創られた神話も）そうであるように、新しいリーダーと大衆との同一化は、必ずや敵に挑戦するためには、自らを危険に曝すという修辞的な英雄像をとおして創りだされる。もっとも、ベルルスコーニの場合は、怖いも知らずの（非の打ちどころがないとはいえそうにない）騎士の出陣といっても、時代に合わせて生命ではなく財産や家庭の平安を脅かす程度の危険でしかなかった。祖国を共産主義の軍団の侵攻から救うために、最後の最後になって騎士が現れる。そんな騎士の孤独な挑戦というイメージは選挙運動の「ライトモチーフ」となり、彼が所有する三つの全国ネット・テレビで執拗に繰り返されるメッセージとなった。ベルルスコーニは、傭兵隊長に続いてともに戦おうと呼びかけた。イタリア人がすべてを賭けて戦う最後の決戦に他ならなかったからである[1]。

かくして「フォルツァ・イタリア《がんばれ・イタリア》」クラブがメディアの表舞台に登場した。これは地域ごとに結成されたクラブ組織で、ベルルスコーニが所有するメディア企業グループ「メディアセット」にいわせれば、イタリアの隅々にまで雨後の筍のように増えていった。だがヴァーチャルな代表機能しかなかったため、その「基盤組織」がきわめて脆弱で行き当たりばったりのものでしかないことは、ほんの数か月で明らかとなった。しかし「騎士《カヴァリエーレ》」ベルルスコーニの支持者が、まるで油の染みが広がっていくように自然に増えていくイメージがあったおかげで、じつはきわめて厳格な「トップ・ダウン」方式の組織だったことを、うまく隠すことができたのである。しかもベルルスコーニは、クラブという幻の軍隊ではなく、企業の厳しい規律によって統制されたコミュニケーションやマーケティングのエキスパートからなる軍団に支えられていた。イタリアに右翼が出現したのは、こうした「新型軍《ニュー・モデル・アーミイ》」によるところが大きかった。それは政党組織のあり方に革命を起こした。おそらくは政党が依拠してきたイデオロギーの支柱さえも、引き抜いてしまったのである。

ベルルスコーニがたった数か月で立ち上げた政党は、従来の政党とは何の共通点もなかった。深い社会的、宗教的な「亀裂《クリーヴィッジ》」から生まれた大衆政党ではなく、国会議員からなる名望家集団でもなかった。フォルツァ・イタリアは、政治市場の精緻な分析と経営学的な組織力をもとに机上で構築された人工的な政党であった。西欧民主主義国の政治の舞台に現れた、その最初の商品見本となった。唯一の先例は、かなり違う点もあったが、テキサスの億万長者ヘンリー・ロス・ペローの「改革党《リフォーム・パーティ》」である。フォルツァ・イタリアはこれを巧みに模倣していた(2)。

フォルツァ・イタリアの目新しさと電撃的な成功は、国内国外を問わず政治の世界を大いに震撼させた。自らの経済的な影響力をこうした作戦に直接投入した企業家は、いまだかつていなかったからである。また、ベルルスコーニのテレビ帝国ほど世論に浸透する力と速さを持つものは、いまだかつてなかった。実際、わずか数か月で、現代民主主義について懸念されてきた二つの悪夢が姿を現した。その一つは、金の力がむきだしの姿をとって政治の世界の競争を条件づけてしまうのではないかという懸念である。もう一つは、ジョージ・オーウェルの小説『一九八四年』のように、「偉大な兄《ビッグ・ブラザー》」が市民の良心を支配する家父長の役割を占めてしまうのではないかという懸念である。シルヴィオ・ベルルスコーニの巨大なマルチ・メディア企業は、いわば無性生殖によって強力な政党を誕生させ、研究者が何世代ものあいだ恐れてきた悪夢をあっというまに現実へと変えてしまったのである。

しかしフォルツァ・イタリアが成功した理由を理解するには、メディアや金銭の影響力という曖昧な附属装置に着目するだけでは不十分である。この二つの要素はどちらも数十年も前から、イタリアに限らず他の国にも存在していた。だが両方の要素を合体して大衆的合意を獲得するための究極の武器をつくった例は、いまだかつてなかった。それでは、ベルルスコーニがこの二つ以外に利用できたものとは一体何だったのだろうか。フォルツァ・イタリアという新たな試みで最も独創的な要素は、電撃戦による「首相官邸《パラッツォ・キジ》」の征服という「ミッション・インポッシブル」に動員された人員や手段が、きわめて高度な専門性を備えていたことである。イタリアでは古い職業政治家のほとんどが、構造汚職の大量摘発により裁判ないし欠席裁判にかけられて政治生命を失っていた。そこに企業の世界から新たな専門家たちが登場する。彼らはそれまでなかったテクノロジーや組織のノウハウを駆使した。その結果、左翼民主党のアキッレ・オッケット書記長が一九九四年に提唱した左翼「進歩主義者同盟」の「にぎやかな戦車《ジョイオーザ・マッキナ・ダ・グエッラ》」はあっというまに時代遅れとなり、新聞や有権者から高貴な騎士を気取るブランカレオーネ親分が率いる強盗の寄せ集め軍団と見なされてしまったのである。

しばしば過小評価されるが、ベルルスコーニの周囲にいた人間にそなわった新しいプロフェッショナリズムでいちばん重要なのは、位階制的《ハイアラーキカル》な企業文化であった。事実、民間企業の世界では（もちろんベルルスコーニの会社だけではなく）社内規律の原則がちゃんと生き残っていた。そんなものは公共行政の各部門ではずいぶん前に消滅していた。政党の伝統的な組織そのものが、長期にわたり国家官僚制の非能率的なルーティンに染まりきっていた。そのため組織が成立した当初は不可欠とされていた目標や行動における統一性が、失われてしまった。共産主義政党や社会民主主義政党の民主集中制はとっくの昔に終わりを告げ、やっかいな党内対立と曖昧な妥協のせいで決定を下せない、まとまりを欠く組織構造となった。それとは対照的にフォルツァ・イタリアは、ベルルスコーニが所有する企業グループ「フィニンヴェスト」から移植された企業組織モデルのおかげで、全国規模で実施しなければならない明確な目標の設定と迅速な対応がごく短期間で可能となったのである。

さらにイタリアに根本的な革新《イノヴェーション》をもたらした、もう一つの要因があった。それはベルルスコーニのスタッフの「マス・メディア学的専門性《マスメディオロジカル・プロフェッショナリティー》」である。アメリカではコミュニケーションの分野で専門家を集中的に利用することは、ずいぶん前から広まっていたし、すでに見てきたように「候補者を中心とする政治《キャンディデット・センタード・ポリティックス》」の確立にとって最も重要な要因の一つだった。イギリスでも、それは「新しい労働党《ニュー・レーバー》」による組織改革の中心となっていた。フランスでも大統領選挙と結びついて、世論調査機関やコミュニケーションの「専門家《エキスパート》」は政治的競争における重要な要素となった。ところがイタリアでは、新たな技術の利用に政党は冷ややかな態度を示しつづけた。選挙戦略でうまく新聞やテレビを利用すれば相乗効果があると考えることは、「政治の優位《プリマート・デッラ・ポリーティカ》」という政党中心主義的な考えを傷つけたり侮辱するものと見なされていたのである。

実際には、すでに述べたように、一九九三年秋の市長選挙で、おずおずとではあるがいくつかの革新《イノヴェーション》が試みられた。選挙戦の山場を候補者と一緒になって取り仕切る専門家集団が左翼でも初めて組織された。もっとも、それなりの成果をあげたとはいえ、そのほとんどがきちんとした専門教育を受けておらず、現場で訓練を積んだだけのスタッフにすぎなかった(3)。それはともかく、市長たちのコミュニケーション能力は、何とか新しい時代の流れに追いつくことができた。しかし、この経験から得られたささやかな成果は、翌一九九四年春におこなわれた総選挙であっというまにベルルスコーニに横取りされてしまう。もっと正確にいえば、むしろ忘却の彼方に追いやられた。信じられないことに、左翼・進歩主義者同盟の総司令部は、ほんの数か月前にイタリアのすべての都市でかくも輝かしい成果をあげた「専門能力《コンペテンス》」を利用しようなどとは、これっぽっちも考えなかったのである。

こうした古色蒼然たるアプローチに対して、企業のコミュニケーション専門家からなるきわめて攻撃的なチームが競争に参入してきたために、両陣営の戦略は目に見えて差がついていった。しかもベルルスコーニ側の専門家は、それぞれの経験にもとづいて当初からコミュニケーション作戦が新政党の理念を構築する過程と切り離せないと考えていただけに、なおのこと差は大きかった。何度も試行錯誤を重ねることによって完成したマーケティングのアプローチによれば、製品の包装は何よりも有権者の期待に添うものでなければならない。左翼側が世論調査（回数も少なく不定期であった）を利用するのは最終結果を予測するときだけで、勝つか負けるかの結論を急ぐ嫌いがあったのに対して、フォルツァ・イタリアはテレビのさまざまな時間帯、番組表、ネットワークにもとづいてターゲットを定め、有権者のタイプに合わせて新政党のメッセージを伝えるために、世論調査を用いた。

それと同時に、世論調査はメッセージを包装する手段であるばかりか、メッセージそのものの中身を決める手段としても用いられた。フォルツァ・イタリアの戦略家は、あまり客観的とはいえない（かといって反論するのもむずかしい）数字をあげて、この政党が驚異的な伸び率で有権者の支持を集めているという主張に信憑性を与えることにより、「予言の自己実現」というサイクルを始動させようとした。さらにベルルスコーニが演説をするときも、そしてめったになかったがインタビューを受けるときも、世論調査を頻繁に利用して、指導者の意見がどれぐらいの効果を与えたかを測る材料にしようとした。事実、彼の決まり文句である「私も、六五（六八、七一、七四……）%のイタリア人と同じように、……と思うのです」は、その修辞法《レトリック》の最も効果的な仕掛けの一つとなった。もともとベルルスコーニには、定まった理想やイデオロギーなどなかった。だからこそ、そうした仕掛けを使うことで、何百万人ものテレビ視聴者に向かって、自分の個人的な意見がみんなの意見を代表していると主張したのである。(4)

フォルツァ・イタリアが導入した革新《イノヴェーション》は、すべてフィニンヴェストの借り物というわけではなかった。これは、いかにベルルスコーニが相応しい時に相応しい場所で相応しいノウハウを戦略的に用いていたかを証明している。実際、彼のスタッフの最大の功績は、フォルツァ・イタリアとそっくりのロス・ペローとその改革党《リフォーム・パーティ》がすでに実験した重要なコミュニケーション技術を巧みに駆使したことだろう。ロス・ペローの改革党も、まず莫大な資本を投下して購入したテレビ宣伝を大々的に用い、ごく短期間のうちにゼロから立ち上げた政党であった。ロス・ペローが多くの人々の支持を得た決定的な要因は、ジャーナリストのフィルターをわざと通さず、インタビューでの論戦を拒否したことにある。こうした自主管理的《オトジェスティオネール》で自己言及的《セルフ・レフェレンシャル》なコミュニケーション方式は、少なくとも最初のころは、自分たちの側に論点設定《アジェンダ・セッティング》の特権があると考える大手のメディアを敵に回した。ところが、ごく少数の象徴的な論点に的を絞り、極端なまでに単純化して人々に直接訴えようとする戦略に、こうしたコミュニケーション方式が不可欠なことは明らかだった。ロス・ペローの情報・広告《インフォマーシャル》は、ベルルスコーニが選挙運動で放映するために撮影したビデオでも模倣された。それは自分の聴衆《オーディエンス》を前にして偉大な伝達者《グランド・コミュニケーター》である自分自身に対して、自分自身が白紙委任を与えるようなものであった。

一九九四年総選挙におけるベルルスコーニのＫＯ勝ちは、おそらく例外的で二度と起きない出来事だといえよう。実際、フォルツァ・イタリアの勝利に有利に働いたのは、指導者による組織の抜本的な革新という要因だけではなかった。それと同じぐらい決定的なことは、かつてキリスト教民主党と連立政権を組んだ中道諸政党の壊滅であった。そのため膨大な数の浮動票が生じたのである。

メディアあるいはメディアをうまく使いこなした者が実際にどれぐらい有権者の投票行動を条

件づけることができるのか、研究者は長年研究を重ねてきた。そうした研究によると、メディアがいくら操作しようとしても乗り越えられない壁がある。テレビ権力が「差をつける」には、ある環境が必須の条件だったからである。それはメディアの力ではなく、政権を握る政党の健康状態に左右された。メディアは予めその政党に好意的である有権者、つまり新しいメッセージや政党を受け入れる準備の整っている有権者の存在を必要としていた。まさにロス・ペローの成功は、アメリカの二大政党のいずれとも関係しない「独立した」有権者の割合が持続的に増大する傾向から生まれた。このように支持政党のない無党派市民がいたからこそ、テキサスの億万長者は、自分の名前をきわめて容易かつ急速に浸透させることができたのである。

イタリアでは、伝統的な政党帰属意識が、長期にわたり崩壊寸前の状態にあった。専門家の研究や世論の不満が増大していたことを見ても、すでに政党離れの徴候は現われていたが、まだそれほど注目されるような現象とはなっていなかった。一九九二年総選挙においてキリスト教民主党と社会党は、他の世俗的小政党と組めば、まだ多数の有権者の支持が得られるという幻想を抱くことができた。しかし賄賂都市疑惑が発覚したことにより、ほんの数か月で危機はどん底に達して伝統的諸政党が壊滅状態に陥ったため、「選挙市場《エレクトラル・マーケット》」における「政治的供給《ポリティカル・サプライ》」の側に巨大な真空地帯が生まれた。キリスト教民主党や世俗的小政党などの中道政党に投票してきた穏健派有権者は一年ものあいだ、受け皿がないという状態にあった。それは征服されることを待ち望む選挙市場ということができた。そこでシルヴィオ・ベルルスコーニは「政治企業家《ポリティカル・アントルプルナー》」の衣をまとい、大胆かつタイミングよく、この選挙市場の征服に向かったのである。

ベルルスコーニがやったことは、その力や限界も含めて政治的な革新《イノヴェーション》の模範的な事例として際立っている。フォルツァ・イタリアの経験は、選挙制度を変えなければ政党は改革できないという定説を覆し、最もラディカルな変革が何よりも組織内部の力学にかかっていることを証明した。(5) そこに変革の鍵を見出す必要がある。いうまでもなく、「ゼロから」創られた政党だけの問題ではなかった。イギリス労働党の改革が示したように、党の人材や機構の抜本的な再構築を一五年以上も追求し続けるという粘り強い努力が何よりも重要だったのである。

したがって、ベルルスコーニがイタリアの政治システムに遺した最も重要で厄介な遺産は、変革を唱えて挑戦するのは可能だと証明したことである。それはとくにアメリカにおいて、すでに数十年にわたり民主主義の言説を支配してきた、企業家や伝達者をモデルとする政治家を出発点としている。ベルルスコーニの成功は、経済学的な民主主義理論の父であるヨーゼフ・シュンペーターやアンソニー・ダウンズを読みなおせば、いとも簡単に説明できる。政治指導者を有権者の票を獲得しようとする企業家と見なし、それゆえ選挙市場の論理と機会に拘束されると考えたのは、この二人が最初だったからである。近年の経験的な実証研究は膨大な量にのぼるが、今日の選挙市場のほとんどが世論の変動に左右されていることを明らかにしている。これに古典的な研究にもとづく解釈を結びつけると、今日の選挙市場はメディアの影響を受けやすく、時には操作されやすいともいえよう。ただし、そうした影響の強さを正しく測定する技術がない限り、まだ断定することはできない。

当たり前のことだが、だからベルルスコーニの経験を簡単に輸出したり模倣できるといいたいのではない。こうした状況が生まれるには、少なくとも主要政党のいくつかが急激な危機に陥ることが必要であった。たしかにヨーロッパでは恐竜、すなわち伝統的諸政党の衰退は深刻になりつつある。だが急激な危機に陥るまでには至っていない。したがってフォルツァ・イタリアのような政党が生まれるのに相応しい環境が、それほど簡単に見つかるとは思えない。フォルツァ・イタリアの成功にあやかろうとたくさんの試みがなされている。しかし、その最大の限界はフォルツァ・イタリアがもともと持っていた特異な体質にある。フォルツァ・イタリアは多くの点でパーソナル・パーティの理念型を示しており、その浮沈は創設者の運命と二重の糸で結ばれていた。同じような偉業《エクスプロワ》を再び成しとげるには多くの材料が必要となる。なかでもそれに相応しい手段、人材、組織をもった指導者は必須である。そして、それに賭けてみようという指導者の意欲が不可欠なのである。

注

（1） O. Calabrese, *Come nella boxe. Lo spettacolo della politica in Tv*, Laterza, Roam-Bari 1998.

（2） C. Paolucci, “Un marchio in franchising: Forza Italia a livello locale,” in *Rivista Italiana di Scienza*

Politica, XXIX, 3, 1999.

（3）T. Marrone, *Il Sindaco. Storia di Antonio Bassolino*, Rizzoli, Milano 1993, pp. 112-130.

（4）D. Campus, "Mediatization and Personalization of Politics in Italy and France: The Cases of Berlusconi and Sarkozy," in *The International Journal of Press/Politics*, XV, 2, 2010.

（5）A. Panebianco, *Modelli di partito*, Il Mulino, Bologna 1988〔村上信一郎訳『政党―組織と権力』ミネルヴァ書房、二〇〇五年〕.

第9章　傭兵隊長

しかしながらパーソナル・パーティという現象には、組織やコミュニケーションや政府の役割の革新だけがあったわけではない。ここでいう「傭兵隊長《カピターノ・ディ・ヴェントゥーラ》」のパーソナル・パーティは、すでに誰もが知りつくしている脚本を、道化芝居に力点をおいて書き直したものである。その限りにおいてパーソナル・パーティとは、大昔から続く政治闘争と分裂の形態にほかならない。「政党《パーティ》」という用語そのものが、もともとは「閥族《ファクション》」や「秘儀《カバラ》」と結びついていた。そうした仲間や支持者が一族の名前で呼ばれることも多かった。このようなパーソナル・パーティは、少なくとも近代の民主主義理論からみると、公的な資源と私的な利益が一緒くたになって混じり合っているのが大きな特徴だった。数の多い少ないはともかく、パーソナル・パーティの支持者は何らかの俸禄を目当てに馳せ参じてきた者と定義できる。ただし俸禄はつねに軍功に対する栄誉として与えられてきた。そんな時代と異なり、政権（公的な資源）と政権獲得を目指す者（私的な利益）とのあいだに境界線をひく政党が誕生して、初めて近代民主主義は可能となったのである。

　このような見方は、政党に価値を認める人が抱く理想（あるいはイデオロギー）といえる。近代政党は、もはや誰かに従属するのではなく、共通の目標を追求するためのものと考えられている。そうした目標は時とともに政党綱領（つまり綱領を持つ政党）という形をとって、いっそう具体的な実現すべき課題を示した宣言に変わっていく。そのため政治権力の獲得は、個人の野心ではなく理念を実現するためと考えられるようになる。共通の政党綱領が人的紐帯のかわりに組織の接着剤となったのである。権力行使に正統性を与える唯一のものが政党綱領だった。また、それによって、初めて権力行使は（少なくとも公の場では）特定の個人の欲望を免れることができるようになった。こうして二世紀前のイギリスにおいて、政党は競争的民主主義の時代の幕開けを告げたのである。そして政党は、今なお教科書や私たちの想像力のなかで大きな位置を占めつづけている。

　しかし、政党綱領の有無が政党の民主性の判定基準となったとはいえ、旧来のパーソナル・パーティが消え去ったわけではなかった。表向きは新しい衣をまといながらも、パーソナル・パーティの論理は依然として効力を発揮しつづけた。近代政党が誕生したおかげで、ようやく「普遍主義《ユニヴァーサリズム》」が登場したが、政治の世界には骨の髄まで「個別主義《パティキュラリズム》」が染み込んでいた。けれども個別主義は形式的に人格と制度を分ける新たな規則に合わせるため、身を潜めたり偽装することを余儀なくされた。その結果、たいていの場合は長期にわたって妥協が生じた。十九世紀をとおして、いわゆる「名望家政党」が支配的となったのである。それは共通の主義主張の下に有力者とその追随者を束ねたものであった。

通説では、名望家政党は大衆政党が出現すれば消滅するとされる。人格にもとづく脆弱な組織が、中央集権化された党官僚機構によって覆されるからである。だが、現実の歴史はそれほど単純なものではなかった。名望家政党と大衆政党の混交や融合は、杓子定規な進化論の予想をはるかに超えて、ほぼどの国でも見られた。名望家政党と大衆政党の雑種として最大の成功を収めた代表例は、イタリアのキリスト教民主党であろう。キリスト教民主党は人格的な支配と政党綱領の共存を可能とするような混合モデル、すなわち派閥政党をつくって二つの組織原理を結合することに成功した。事実、派閥にはみんなが承認し尊敬する指導者がいた。この指導者は、大臣を務めるとか、集票能力に長けるとか、大量の党員を支配するといったさまざまな能力をとおして蓄積した人格的権力《パーソナル・パワー》を持っていた。だが、それと同時に、派閥は接着剤や正統化の原理としてのイデオロギーを近代政党から借用した。たしかにキリスト教民主党のほぼすべての派閥は、時とともに権力と縁故主義にもとづく単なる寄り合い所帯と化した。けれども派閥が当初力をもっていたのは、理念的な綱領をめぐってお互いに競い合ったからであった。

キリスト教民主党は、表面的には統一政党の姿をとりながらも、複数の「魂」をずっと保ちつづけた。どの魂もそれぞれ派閥という戦闘的な軍団をもっていた。派閥が浮沈を繰り返し、それまでとは違う派閥が党の実権を握るたびに、空っぽの容器でしかない政党は政治路線を転換した。このキリスト教民主党がしっかりと社会と国家に根づくことができたのは派閥のおかげだった。このようにして大衆社会とばらばらの個別利益を結びつける現象を、イタリアの社会学者アレッサンドロ・ピッツォルノは「合意の個人主義的な動員」という見事な表現によって説明した。(1) こうした利得と（時には）価値によって築かれた派閥のピラミッドの頂点には、領地を支配する領袖が君臨した。領袖は、派閥が複数の指導者からなる寡頭制を敷いていない場合には、自分より上に立ついかなる権威も認めようとはしなかった。例外的な一時期を除けば、キリスト教民主党には他のすべての指導者を従わせて命令を下せるような、誰もが認める唯一無二の指導者が存在したことは一度もなかった。イタリア最大の政党であるキリスト教民主党は、じつは派閥の領袖からなる寡頭制によって支配されていたのである。多くの小さなパーソナル・パーティの指導者が、同じ旗の下に集まって「連盟」を結成したにすぎなかった。

キリスト教民主党の無敵で不朽と思われてきたスーパーエリートたちが総崩れとなる大危機に陥ったのは、ミラノ地方検察庁の「清潔な手《マーニ・プリーテ》」班による構造汚職の大規模摘発と、「北部同盟《レガ・ノルド》」の大躍進の衝撃を受けたからである。わずか数か月のうちにキリスト教民主党という政党は崩壊してしまった。得票は激減し、組織は崩壊し、誇りも消滅した。ベルルスコーニが登場して勝利を収めたことで、キリスト教民主党の栄光の旗は、あっけなく見捨てられてしまった。ベルルスコーニの企業・メディア型政党が、古いイタリア政治にローラーをかけて地ならしをしたからである。突然不運に見舞われた大家族によく見られるように、昨日までイタリアで最強の政党が遺した（わずかな）遺産をめぐって激しい相続争いが生じた。そのため敵との闘いよりも多くの戦死者を出す結果となった。キリスト教民主党は分裂に次ぐ分裂によって、無数の支流に分かれ、やがて干上がってしまうだろう。将来だけにしか視線を向けなかった者には、そう見えたのではないかと思われる。

しかし、いくばくかの歴史的記憶を呼び覚ましながら、将来を見すえる者からすると、キリスト教民主党が消滅したといっても、派閥はそのまま生きているように見えるのである。もちろん名前は違っているし、主人公も別人に代わっている場合が多い。ところが古い派閥の基本的な特徴は保たれているのである。縁故関係の強固な基盤、だれもが認める単独の指導者、何らかのイデオロギーにもとづく旗印（もっとも「旗印」のほとんどはやがて「風見鶏」に変わる）という特徴は変わらない。ただ、そこには今までにない新しさがあることも見落としてはならない。キリスト教民主党の派閥は、これまで本家の旗印の後ろに隠れなければならない日陰者として何十年もの歳月を過ごしてきた。それが、ついに自分の名前を名乗って政治の舞台に上がることができるようになったのである。キリスト教民主党の各派閥は、大小の封建領主が所有する正真正銘のパーソナル・パーティとなった。この種の政党は、「制度工学《インスティトゥーショナル・エンジニアリング》」にもとづいて「政治改革」を企てた人々が唖然とするなか、幾何級数的に増えた。政治学者は、この国の再生を完全な二大政党制の実現に託してきた。だが、その目論見のすべては、キリスト教民主党派閥の堅い岩盤にぶつかって挫折してしまった。机上の予測に反して、新たな選挙制度から生まれたのは、派閥を蘇らせ、それらを政治システムの主役に変えていくようなダイナミズムに他ならなかったのである。

こうしてかつての政党派閥を彷彿させる、小ぶりだがしぶとい力をもつ政党が続々と生まれた。だが頑迷固陋な選挙制度改革論者は、かわいそうになるぐらい自説が破綻した証拠が眼の前にあるというのに、反省するどころか、ご都合主義でしかない説明をすぐさま用意した。名望家政党的な小政党は、自分たちの選挙制度改革が間違っていたからではなく、原罪、つまり新選挙法がはらむたった一つの致命的な欠陥のせいで生まれたというのである。すなわち比例代表制が新選挙法に温存されたため、小政党が生き延びたのだとする。これほどまでに小政党が乱立するのは、小選挙区・比例代表並立制のせいである。選挙制度改革論者は、比例代表制が温存されたおかげで数多くの小集団は、かりに小選挙区で二大政党との競争に負けたり候補者が立てられなくても、議会に残ることができたとした。

それればかりか、彼らは自分を免罪するために、選挙制度改革を失敗に導いた戦犯まで名指しした。新選挙法の最終法案を作成し、いじくり回したキリスト教民主党の大物議員セルジョ・マッタレッラが悪かったというのである。彼が新選挙法の最終法案に「旧体制」の要となってきた比例代表制を忍び込ませたので、小政党が乱立したとした。「制度工学」の立場から選挙制度改革を唱えてきたイタリア政治学界の重鎮ジョヴァンニ・サルトーリは、新選挙法を「マッタレルム」法と皮肉った。ラテン語のマッタレルム（イタリア語ではマッタレッロ）は、小麦粉をこねる麵棒を意味する。せっかくの新選挙法も、マッタレルム（麵棒）のせいで「第一共和制」が残した小麦粉をこねまわしてできた欠陥商品になってしまったと揶揄したのである。

比例代表制が、いくつかの政治集団が生き残るうえで、重要な役割を果たしていることは言を俟たない。とりわけ左右いずれの陣営とも同盟を結びたくない政治集団にとっては重要である。しかし、イタリア版二大政党制の脇腹に突き刺さった本当の棘は、比例代表制という目に見える過去ではなく、小選挙区制のメカニズムそのものに隠されており、もっと油断のならないものなのである。いいかえると、誤った学説や願望とは無関係に、小選挙区制は具体的に機能しているのである。じっさい単純小選挙区制の法則によれば、個々の選挙区で勝つには、どんなわずかな票でも決定的な意味を持つ。議席がたった一つである限りは、大政党であれ、最も小さな政党であれ、必然的に選挙連合を結ばなければならない。単純小選挙区制では勝者が議席を一人占めし、敗者に慰めとなるようないかなる特典も用意されていないからである。

この法則を、小選挙区制「革命」を唱える魔法使いの弟子たちは、何でも解決してくれる「機械仕掛けの神《デウス・エクス・マキナ》」と考えてきた。これによって強力でまとまりのある二つの陣営が生まれ、両陣営がすべての選挙区で競い合う。そして選挙が終わっても二つの陣営は議会で対決する。つまり、完全なる二大政党制がたちどころに実現されると考えたのである。だが現実はつねにもう少し複雑であり、あたりまえのことだが、単純小選挙区制の法則は正反対の結果をもたらした。この法則はどんな扉でも開けられる合鍵となってしまい、それによって古くからある派閥や新しくできた小集団が、政治システムの移行期を生き延びた大政党のいずれかに、くっついたり離れたりできるようになったからである。じっさい、小選挙区で勝利するには得票がすべてというのは事実である。だが、たとえどんなに小さなパーソナル・パーティの党首であるとしても、すでに自前の小集団があり、各選挙区の候補者選定の席で合意さえ得られれば、出馬は可能となる。また比例代表制では、得票率に比例して政党に議席が配分される。得票率〇・五パーセントの政党はそれに比例した議席数しか得られない。得票数は議席数と正確に対応する。しかし小選挙区制では話はまったく異なる。

じっさい、同じ得票数であっても、小選挙区制では比例代表制よりもはるかに多くの議席数を得られることになり、両陣営ともいかにたくさんの政党と選挙連合を結ぶかが大きく結果を左右する。だから、どんな小集団であってもきわめて高い「限界効用」を持つのである。それればかりか、情けないことに、両陣営における大政党と小政党との取引は選挙のときに限らない。ひとたび国会に入れば「小政党《パルティティーノ》」は再び風見鶏となって自分たちの「市場《マーケット》」をつくりだす。そこで取引の対象となるのは選挙の勝利ではなく、内閣の存亡である。ここ数年の新聞を読むと、そんな記事ばかり山ほど書かれている。小政党が、恥も外聞もなく、こちらの陣営からあちらの陣営へと鞍替えしたことで、政権与党が崩壊してしまうこともあった。「寝返り《リバルトーネ》」であれ「鞍替え《リバルティーノ》」であれ、政権の危機を煽りたてることが、つねに「首相官邸」入りを目指し、閣僚の座を得ようとする小政党の武器となっているのである。

小政党を率いる「傭兵隊長」の脅迫を和らげるために（だがなくすことはできない）、政府は裏取引を余儀なくされる。こうして「第一共和制」の時代に派閥が生まれ、増えたときとまったく同じように「陰の政府《ソットゴヴェルノ》」（公共セクター）のポストや利権が配分されるようになった。そのせいで小政党の数が増えただけではない。もっとあくどいパーソナル・パーティも生まれた。イタリア版「二大陣営制《ビポラリズモ》」の舞台で、ここ数年私たちがいちばんよく目にし、びっくり仰天したのはそんな光景である。誰もがよく知っている脚本で、変わったのは配役だけだ。ミニ・パーソナル・パーティに脅迫された二大陣営制というお芝居あるいは笑劇で唯一目新しいのは、舞台に生き残ることができた政党のイニシャルだけある。それもほとんどが再生品にすぎない。季節はめぐり、また新たな季節がやってくる。（政治的な）理性の夢から、また新たな（小さな）怪物が生まれるのをじっと我慢して待てばよいというのであろうか。

注

（1）　A. Pizzorno, *I soggetti del pluralismo*, Il Mulino, Bologna 1980, pp. 67–98.

第10章　首相党

キジ宮殿（首相官邸）やモンテチトーリオ宮殿（下院）の中枢が繰り返し「傭兵隊長」に襲撃されているのだから、イタリアの政治システムはかなり前から機能不全に陥っていたはずである。政府は、たとえ小さくても由緒正しい伝統政党に起源をもつからと、一人前面をして首相に不信任案や非難決議を突きつけようとする数多くの小政党の指導者と上手に付き合わなくてはならなかった。ところがイタリアの政府は、どちらかといえばかなりうまく政権を運営できたのである。なぜそんなことが可能となったのであろうか。答えは、首相の権限が異常なほど増大したことにあった。

「首相党《パルティート・デル・プルミエ》」は、最近メディアでよく使われるようになった表現である。しかし、この現象は決して新しくなく、それどころかイタリアでは政府首班の役割が次第に強まってきたとさえいうことができる。最初は制度の次元で、次いでメディアの次元で、最後により直接的な政治の次元で首相の権限は拡大した。首相党は首相自身の政党を指すマスコミ用語である。もちろんこの三つの次元はつねに重なりあっているが、個別に分析する必要がある。

それほど目立たなかったが、じつは決定的な変化の始まりは、あらゆる権限と権威を備えた制度機関としての「内閣府《プレジデンツァ・デル・コンシーリオ》」が確立されていく過程にあった。一九八〇年代初頭のことである。イタリアはほぼ一世紀にわたって閉ざされてきた道をついにたどりはじめた。ファシスト一党独裁を経験したせいもあって、イタリア共和国は誕生したときから「弱い首相《プルミエ・デーボレ》」を特徴としていた。もっともファシスト体制以前の自由主義時代から、すでに首相の役割は限定されていた。そうした積年の矛盾や、ファシスト時代の恐怖のせいで、戦後の首相には強い権限がなかった。したがって、この二〇年間に首相権限をめぐって実施された制度改革は、まさに歴史的な転換に他ならなかった。イタリアの政治システムにおいて最も重要な転換であり改革ということができた。

この制度改革は、行政権に関わるすべての領域に影響を及ぼした。なかでも行政権の及ぶ範囲が変化したのは重要である。イタリアでも政府が議会に介入できる領域が大きくなった。行政権が直接行使する規範的権力の拡大を見たのである。まず緊急手段として「暫定措置法《デクレート・レッジェ》」がよく利用されるようになった。暫定措置法の多用についてはさまざまな批判があったがほぼ黙殺され、イタリアで法律を制定する際の主要な回路となった。また「委任立法《レジスラツィオーネ・デレガータ》」の比重も増大した。議会が諒承した法案の大枠にもとづきながらも、具体的な細部を決定する自律的な権限は政府に委ねるという立法措置である。最後に、第二の規範的権力である「規則《レゴラメンタツィオーネ》」を定める力がより強化された。法律が増えるなか、内閣が定める規則が最終的な解釈とされるようになった。規則がその法律の「意思」を正確に解釈するものとされたのである。

政府が議会に対して優位となったのは、規範的権力の及ぶ範囲が拡がったからだけではなかった。政府が強大になるもう一つの重要な変化が、国会の「真っ只中」で起きていたのである。それは上下両院で法案が承認されるための仕組みが変わったことであった。議会運営規則の抜本的な改革によって、政府に議事日程を実質的に管理する権限が初めて与えられた。その結果、政府は計画の実現に向けて時間の調整ができるようになる。こうして「第一共和制」の政府を苦しめてきた悪名高い「小立法《レッジーナ》」（個別的な利益配分立法）に固執する「利益集団型ミクロ立法過程《ミクロレジズラツィオーネ・コルポラティーヴォ》」の侵入を、少なくとも部分的には免れることができた。その他にも、新しい信任投票の規則が定められたり、ほとんどの法案で秘密投票が廃止されるなど、議会手続きに関する重要な改革がなされた。そのおかげで政府は、倒閣の場合を除けば、少なくとも与党の身内が仕掛ける罠は回避できるようになったのである。

こうした規範的、手続的、政治的な変革はすべて内閣府の組織革命を軸としていた。内閣府はイタリアの行政府の新たな触媒となり、推進力となった。イタリア共和国の成立から四〇年、その機能と権限を定める法律と規定ができてようやく、内閣府は中途半端な添え物の制度ではなくなり、他の国々の政府にはずっと前から備わっていたような特徴を持つことになった。内閣府の組織が拡大しているのは、設立当初の一九六〇年代に五〇人ほどだった職員が、二〇〇〇年には四〇〇〇人に増えていることからも明らかである。今では行政の肥大化という問題をかかえるほどで、近年定められた法律によってその解決が図られようとしている[1]。

こうして首相は、行政府の権限が拡大強化されたことにより、他に並ぶ者のない主人《ドミヌス》となった。政党支配体制の時代には議会が力をもっていたために、首相といえども「同等者中の第一人者《プリムス・インテル・パーレス》」でしかなかったが、いまでは指導者としての権威と威信を獲得した。内閣も脆弱な合議体から、ヨーロッパ主要国と同じような単独支配的《モノクラティック》な機関となった。内閣を構成する省庁の活動に関わる決定には、首相が大きな役割を果たすようになった。まるですべてが首相の一存で決められているかに見えた。「決断主義《デチジオニズモ》」という言葉で、そうした現象を示すようにもなった。唯一の例外は国庫省であった。国際舞台の第一線で活躍する国庫省は、その機構をテクノクラティックな形で近代化することに成功していた。ところが他の省庁は「第一共和制」のあいだに大貴族《ボイアルド》（無能な官僚）の根城となっていた。だがそれらも、首相とその側近が政治的主導権を握る領域に徐々に吸収されていったのである。

政府の頂点で大きな変化が起きたため、マス・メディアもあらためて首相官邸に注目するようになった。とはいえ、政府が新たに獲得した権力にもとづいておこなう具体的な活動にはほとんど注意を払わなかった。それどころか政治報道はまだ基本的に政党を中心としたままだ。政策決定過程を支配しているのは、いまだに政党と考えられているからである。しかしマス・メディアも世論を反映して、少なくとも次に述べるような二つの側面に強い関心を抱くようになり、その結果として、国政における首相の「首位権《プリマート》」を認めるに至った。

第一の側面とは、各方面から提起された憲法改正案のいずれもが、行政府に中心的な役割を与えていることである。首相の選出を、政党間の調停に委ねるのではなく、市民に直接付託すべきとする首相公選論は、国民投票の目標となったこともあって、少しずつ広まっていった。こうした考え方は、数年のうちに、よく似た数多くの構想を生み出した。それらの構想を導いていくうえで、多少なりとも明示的で公式的な役割を果たしたのは、直接主義であった。いずれにせよ、首相の任命を、人民による選挙と直接結びつけようとする原則は、実質的な選挙制度改革以上の象徴的な価値をもつようになった。議会制民主主義という憲法上の規定があったにもかかわらず、世間の眼にはすでに政府首班が大統領のようなものとして映っていた。いいかえると、市民の直接投票によって正統性を与えるべきだと考えられていたのである。

このような認識が、政治をよりいっそう人格化していく過程で促進され、強められたことは明らかであった。ここ数年のあいだに、伝統的に集団指導体制を特徴としてきた政党の領域においても、徐々にイデオロギーを失って何の特色もない集団に変貌しつつあった派閥の領域においても、人格化が主要なコミュニケーションの「規範《コード》」として確立したとするならば、そうした認識が、政府のリーダーシップの確立を促そうとする土壌に、どれほど速く根を下ろしていったかは想像にかたくない。その意味ではイタリアは、西欧の主要民主主義国や、近年民主化した多くの国々ではふつうに見られる統治者と市民の一体化に、一〇年遅れで追いついたにすぎなかった。制度の現実と大衆の認識にこそ真の革命があった。これを念頭におくならば、統治階級が分裂するほどまで新旧政治アクターのあいだに緊張が生じたことも理解できる。最初に力を失ったのは政党の幹事長や書記長であった。首相の権力が拡大したため、「第一共和制」の下で政党の幹事長や書記長が行使してきた政治的な「首位権《プリマート》」は、致命的な打撃を受けた。

その一方で、内閣総理大臣は与党の幹事長・書記長とははっきりと異なる運命をたどる。最初に出現したのは、いわゆる「専門家内閣《ゴヴェルノ・テクニコ》」だった。高い威信をもち、政党から明確に自律した専門家によって構成されていた。それは「第一共和制」から「第二共和制」への円滑な移行を可能とする「過渡期」の内閣と見なされていた。ところが実際には、首相が担う新たな役割のリハーサルに他ならなかった。首相は、政府首班としての使命と綱領を前面に掲げて与党多数派に公然と挑戦状を突きつけ、議会の信任を得ようとしはじめた。そうやって登場した最初の首相がジュリアーノ・アマートであった。イタリア史上最も野心的で勇気ある財政健全化を成就したのはアマートである。次のカルロ・アゼリオ・チャンピ首相とランベルト・ディーニ首相のもとでも、利用可能なあらゆる制度的資源を動員した組閣が試みられ、こうした方式の確立をみた。このように一見中立的にみえる「専門家内閣」の陰で、「首相の政府」がイタリアでも誕生し、定着していったのである。

さらに、その後数年もすると、首相と党幹事長・書記長との大きな権力の差は、ほとんど問題にすらならなくなった。イギリスの二大政党制を目標とした国民投票を求める運動の綱領が、首相と党幹事長・書記長の役割を同一視していたために、この点について楽観的な雰囲気が生まれていたせいでもあった。事実、国民投票を求める運動のイデオロギーのせいで、新たな選挙制度が成立して小選挙区制になれば、首相候補は、右であれ左であれ、いずれかの陣営の支持を一人占めした政党の幹事長・書記長と必ずや同一人物になるはずだという確信が強まっていった。マス・メディアも、中道左派連合を構成する七人もの党幹事長・書記長とたった一つの首相ポストとの緊張関係を、(立法による) 魔法の杖の一振りで解決するには、必要とあれば首相公選制を導入して小選挙区制をより機能させるようにすればよいという幻想に、何年もふりまわされていた。ところが、中道左派連合を代表する首相 (ロマーノ・プローディ) と最大与党の党書記長 (マッシモ・ダレーマ) が衝突したため、そうした選挙制度改革だけで両者を均衡させるのはむずかしいということが、初めて明らかになったのである。

実際のところ、プローディを追い落とす形でダレーマやヴァルテル・ヴェルトローニが中道左派連合を率いる首相や首相候補となったことは、新体制の特徴ともいえる、政党組織と制度としての政府との力関係の変化を象徴していた。また、新たな均衡は、政治の人格化の性格を強めながら成立することも示していた。だが二大政党制の要ともなる、左右いずれかの陣営をしっかりまとめあげる主体としての政党の拡大は、どこにも見られなかった。政党は、それがなければ自党の幹事長・書記長が首相に選出されるような力が持てなかったはずである。ところが、首相になるための扉を開いたのは、政党とはまったく異なるところで生じた、指導者の人格的な権力の増大に他ならなかった。かつては大衆政党が、選挙を戦って首相の座を獲得するための組織モデルとされてきた。かろうじて残ったその推進力も、首相の人格的な権力の増大によって、まさに費えようとしていたのである。

注

（1）L. Lanzillotta, "La riforma della Presidenza del Consiglio dei Ministri," in *Quaderno dell'Associazione per gli Studi e le Ricerche parlamentari*, 13, 2003, pp. 165–175; A. Criscitiello, *Il cuore dei governi. Le politiche di riforma degli esecutivi in prospettiva comparata*, Edizioni Scientifiche Italiane, Napoli 2004.

第 III 部

I due corpi del leader

指導者の二つの身体

第11章　政治的身体

不死は神から授けられた特権であり賜物である。天上と地上には永遠の隔たりがあり、そこには境界線がある。だが、自分の限界を乗り越えて生きようとする人間は永遠の命を追求する。ほぼすべての宗教がその可能性を唱えて約束する。天上と地上の二つの世界を隔てる溝の深さを説きながらも、それが乗り越えられる希望はあるという。信仰の奇蹟があれば自らの身体の灰から永遠の命が甦るというのである。

このような死に対する挑戦において、人はみな平等である。マタイによる福音書が「後にいる者が先になり、先にいる者が後になる」と説くように、「地上で積んだ富」は天上に至る大いなる旅路には何の助けにもならない。たしかに十六世紀のカトリック教会は、大金を支払った者すなわち賄賂を渡した者に天国への割引入場券を授けるという金持ち優遇策をとった。だが贖宥状を買ったからといって、人間の苛酷な運命が変わるわけではない。人間が甦るといっても、いったんは死ななければならないからである。不死は神のみにしか許されない特権であった。

どんな権力者といえども、その身体の消滅を免れることはできない。どんな権力をどれだけ蓄積したとしても、地上の命には終わりがある以上、乗り越えられない限界がある。ところが、そんな限界を突破したいという衝動や欲求を抱く者もいた。権力といえども所詮はむなしいと自覚して「諸行無常」と考える者もいた。だが大多数の人々は、権力者が地上でたどる人生の軌跡を権力の自然条件であると考える他なかった。権力はそれをもつ人格と同一視された。権力はそれをもつ人格の物質性、すなわち、その身体能力や経済力と同じと見なされた。権力はそれをもつ人格の生命力、すなわち、その成長から死に至るサイクルに他ならないと考えられていた。何世紀、いや何千年にもわたり、権力はそれをもつ人格と共生すると見なされてきたのである。

近代政治の黎明期には、こうした権力観が、権力を防御し、制限する鉄壁の役割を果たした。権力が「人格化」されたことで権力者は一般の人々から完全に遮断され、近づくのも触れるのも不可能な存在となった。神聖とされたおかげで、君主はきわめて儚い運命から、その身を守ることができた。だからこそ権力譲渡に関する規定は著しく厳格となった。封建制は儀式や位階制をとおして命令権の一元性と家名の系統性を守ろうとした。譲渡契約や服従契約では、どんな文書でも必ず誰に権力の源泉があるかが明示された。しかし君主の物理的な力が病気や死あるいは軍事的な敗北によって衰えると、直ちに後継者争いが始まった。王位継承権に関する法は国ごとに異なっていたが、どんな君主たりとも墓に入るとともに権力を失うという鉄則の前では、空証文でしかなかった。

このようにして何世紀も続いた権力観の袋小路を抜け出ることができたのは、政治的身体が発明されたおかげであった。西欧に共同体が成立するには何世紀も要したが、それは個人の領域を超越したところで自己再生産能力を持つ政治的主体が構築されたことを意味していた。西欧でこうした政治的主体が大きく発展したのは、命令権の非人格化、その時間的永続化、および、その法的規則化という三条件が充たされたからである。たとえば英語ではこのような新しい主体をコーポレーションと呼ぶ（ラテン語の「身体《コルプス》」に語源を持つ）。こうして身体が制度となり、権力は集団のものとなった。また権力は、このような新たな衣を纏い、権力を有する人々の人生の軌跡とは無関係に継承されていった。政治的身体は、グレゴリウス改革という驚異的な文化的大実験で再発見され、再活性化された規範体系を利用することによって成立した。教皇グレゴリウス七世が十一世紀に教皇権の世俗権力に対する優位を唱えておこなった改革は、法の絶対性を「ポリス」の基礎とする真の革命であった(1)。

だが、政治的身体が確立するまでには紆余曲折があった。正式に認知されるには近代国家が誕生する十七世紀を待たなければならなかった。そればかりか人格的な権力は、古代ローマの法学者ドミティウス・ウルピアーヌスが唱えた「元首は法に拘束されず」(Princeps legibus solutus est)という原則を盾に私的な家産制的支配を要求し、その後何世紀にもわたり「公の物《レス・プブリカ》」（国家）の頂点に君臨しつづけた。とはいえ大きな流れが変わったわけではなく、西欧の国家制度は徐々に権力を個人的な基盤から解放していった。その分水嶺を図像で比喩的に象徴したのが、希代の歴史家エルンスト・カントロヴィッチのいう「王の二つの身体」であった。君主の聖性が抽象化され二元化されたことは、王の人格から地上の権威が分離されたことを示していた[2]。王の身体が二つになり、その一つが国家の身体となった。王の人格から生まれた権威が、王の人間としての生涯を越えて存続する権力と表象されたのである。こうした王の二つの身体の分離から、近代的公共圏の険しくとも着実な建設の歩みも始まった。近代的公共圏は、人間である王の病や死に翻弄されることなく、無限に再生産可能な生命力をもつ官僚制機構に委ねられるようになった。

もっとも、こうした近代的な権威の原理が、国家が合法的で合理的な仕組みを通して日常的に運営されることで最終的に確立するのは、マックス・ウェーバーが『支配の社会学』（一九二二年）で述べたように、もっと後になってからである。事実、この過程が完成を見たのは、絶対主義国家が大衆を国家に組み込もうとした後であった。その後、アメリカ独立革命やフランス革命を経て、民主主義的な手続きが確立したことにより、全市民の財産としての政治的身体が創造されていく。また、その実現には政党が決定的な役割を果たした。政党には、多様なイデオロギーを掲げるだけではなく、大衆を集めて動員し組織化することにより、大衆の国家統合を促すという建設的な役割や能力があった。それから一世紀以上も経ち、「ポップな政治」（大衆迎合政治）が蔓延する今となっては、政治が幾多の苦難を乗り越えて集合財となるという叙事詩の記憶も、色褪せてしまった。だが国家という政治的身体が成立し、それが社会を根底から支える正統性の源泉となっているという事実に変わりはない。人民が王という神秘的な存在のかわりに、国家の通常業務や日常的手続きや公共政策の担い手となる。そして公共政策を推進したり纏めたり考案したりするのは政党であった。政党デモクラシーの成功が頂点を極めたときには、まさに社会的な身体と政治的な身体が一体化した。それまで社会集団を超越するような所から歴史を支配してきた人格に依拠する孤独な個人的権力は、もはや完全に消滅したかに思われたのである。

ところが、あにはからんや、近年、政党が衰退すると、昔ながらの対立が息を吹き返した。まるで教会のように巨大な組織をもち覇権を揮ってきた大衆政党は、わずか二、三〇年で衰退し、変身を余儀なくされた。その過程は、東西冷戦構造の地政学的条件の違いから、各国で異なっている。だが、基本的な流れは西も東も共通していた。そしてベルリンの壁崩壊以降、大衆政党の衰退は一気に加速した。強大な党機構が解体して個人的な人間関係に依拠したネットワークが復活し、集団的指導権がなくなって個人的指導権が甦った。それればかりか政党の衰退にともなって、国家機構まで衰退し始めた。西欧諸国では一世紀にわたり、福祉国家を目標に普遍主義的な原則にもとづいて国家建設を進めてきたが、いまや、それに向けて国家権力を強化しようとするような意欲はどこにも見られない。最初は財政危機、次いで福祉国家の理念が危機に陥ったため、国家の威信は傷つき、国家の命令権も確実性と実行力を失った。民主主義の基軸となった政党と国家は数多くの理想や目標を掲げてきたが、今では、そのほとんどが実現されていないと非難を浴び、責任を問われている。

このようにして、政党や国家といった巨大な社会集団組織が実績や信頼を失ったために、民主主義の「赤字《デフィシット》」が生じる。そこに人格的な権力は楔を打ち込んでいった。トーマス・ホッブズがいうレヴァイアサンのごとき巨大な海獣と化した諸制度に裂け目ができたのを利用して、「共和的君主制」(3)が政治の舞台に現れた。政治的身体なき指導者の登場である。こうした指導者は、自分の生涯を越えた展望のもとに活動する政党や国家といった制度機関（政治的身体）を代表するために登場したのではなかった。そんな義務感など彼らには一切なかった。権力を自らの人格と融合するようにして掌握することが、彼らの力であり目標であった。だから自分の身体以外には、いかなる身体もあってはならなかった。

二十一世紀の幕開けとともに、近代以前に見られたこのような人格的な権力が一斉に復活しはじめた。本来は統治の対象である諸制度を人格化の対象とする指導者が、政治の舞台に溢れている。これまでの発展の流れが、およそ一〇〇〇年ののちに初めて逆転しはじめたのである。そのため現代の民主主義は、ほとんどが未知の領域である深淵の崖っぷちにまで追いつめられている。政治的身体は、集団的なアイデンティティと正統な権威を表象する非人格的な場として生まれた。いまやそうした場は失われてしまった。だからこそ現在、指導者の権力とその身体的な運命が、再び短絡的に結びつくようになっているのである。

たしかに二十世紀を血塗られた歴史とした権威主義体制は、そうした逆転の先駆けといえよう。だが、権威主義体制下での司令権の人格化には大きな限界があった。民主的正統性が欠如していたからである。新しい指導者の台頭には民主的正統性があった。権威主義体制の指導者の優位は、自由民主主義的な手続きや価値観とは正反対のやり方で獲得された。だから絶頂期に達したときでさえも、権威主義体制は一時的なものと見なされ、やがてはその時代も終わり、それに替わる新たな政治理念が生まれてくると考えられていたのである。

現代の指導者は、民主主義と対立するのではなく、むしろ多くの点でその究極の発展を示している。現代の指導者は民衆の広範な合意を得ている。たしかに世論調査の過度の重視（世論調査支配《ソンドクラツィア》）にもとづく人気投票のごとき様相（人民投票主義《プレビシト》）が強まりつつあるとはいえ、民主主義の基本原則に反するとまではいえない。有権者の多数派が授権しているからである。現代の指導者の力の源泉は、古い政党によって摩滅させられた指導者と民衆の関係を蘇らせたと豪語できることにある。だから現代の指導者は直接選挙を手段とすることが多い。そればかりか、今日ではたった一人の人間に命令権が集中する一方、国家の諸制度は社会的結合の器や準拠枠という歴史的な役割を遂行する能力をだんだんと失いつつあるように見える。王の第一の身体が優位を取り戻したのは、王の第二の身体である政治的身体が解体しつつあったからである。

新しい指導者は、ポスト・モダンの鍵となる二つの要素に秀でたおかげで権力をつかんだ。第一に、この二〇〇〇年の歴史をみると、突如個人が中心的な役割を果たすこともあるという文化の特徴を深く理解していたばかりか、そうした役割を演じる能力もあったことだ。ナルシスティックな自我の噴出は、一九七九年に英国の首相となったマーガレット・サッチャーや一九八一年に米国の大統領に就任したロナルド・レーガンの改革が先鞭をつけ、新自由主義イデオロギーの全盛期には衰えたとはいえ、人格的な権力をリーダーシップのモデルとするような社会を生む土壌となった。第二は、劇場政治の勝利であった。その結果、大物か小物かは問わず人物に注目が集まる一方、制度や組織は蔑にされた。人格的な権力は劇場政治と結びついてますます増大していった。テレビも、はじめのころはキリスト教民主党のような政党が後見役を務めて自主規制をしていたために、かなりの程度まで抑制されていたが、いまやその役割はわずか数年で全国ネットの番組編成を一変させてしまうほど強大なものとなった。テレビが始まったころは、厚化粧の派手な衣裳を着たプロの芸人の独壇場であったが、今では普通の人たちが視聴者と直接交流し大手を振って活躍する場となっている。それもあって「身体なき政治家」にかわり、自己顕示欲に満ちあふれた指導者の「メディア的身体」が勝利した。また、それが大衆コミュニケーション時代の新たな偶像《アイコン》となったのである(4)。

私的身体は公共空間の隅々にまで浸透していったが、それは近年の政治現象に止まらなかった。むしろ政治システムは、生きた現実世界を踏みつぶしてヴァーチャルな表象空間に変えていこうとするマス・メディアの命令に、他の領域よりも長期間よく耐えてきたといえる。これまで偉い人とされてきた党首や大臣が、わざわざトークショーに出て自分の宣伝をしたり、そんなステイタスを台無しにしかねない罵りあいを生放送で繰り広げたりするのを見ても、もはや驚くにはあたらない。オランダで一九九九年に始まったリアリティ番組「ビッグ・ブラザー」は、イタリアでは二〇〇〇年に「グランデ・フラテッロ」とタイトルを変えて放送が始まった。一〇数人の普通の男女が隔離されて、諍いやセックスも含めその日常生活の一部始終が監視カメラとマイクによって生中継されるなか、仲間から嫌われ者を選んで（視聴者も有料で参加できる）少しずつ排除していき、最後に残った者が勝者となって賞金を獲得するという番組である。もう何年も前から、こうしたリアリティ番組がテレビ番組の中心となっている。公共性を旨とするテレビ放送が達成した究極の夢とは、じつは凡庸極まりない私生活を、マルチメディアを使って延々と再現することでしかなかったのである。インターネットでも、始まってわずか数か月で同じような認識論上の短絡が生じ、ありとあらゆる内輪の情報や会話がソーシャル・ネットワークで一気に拡散されることになった。最初の一〇年ほどは、インターネットで新たな世論を生みだそうとする実験が試みられた。だが、誰でも作れる巨大な広告ポスターのようなものとなってしまい、それも失敗に終わった。フェイス・ブックの破壊力は、私たちが何世紀ものあいだできなかったことを可能にしたばかりか、それをカッコいいものにしたことにあった。自分の私生活をあれこれ打ち明けて、みんなとおしゃべりをすることである。

　こうした新しいヴァーチャルな世界が始まってしまえば、政治的身体が社会的・技術的な圧力を受けつつ、その聖性を保てるはずがない。かつてなら心の奥底に秘めた情念や苦悩を隠すことができる場所があったが、そんなものはもうない。かつての民主主義時代における指導者は、数十年かけて、ようやく「身体なき指導者」になった[5]。政党の全盛期には鉄のカーテンが下ろされて党幹部《ノメンクラトゥーラ》の私生活は一切明らかにされなかった。半世紀にわたり、私たちは議場や党本部という閉ざされた空間の中から国家を統治する政治家の古色蒼然とした肖像写真しか知らなかった。みんなが覚えている政治家の顔などほんのわずかしかない。一九七八年に赤い旅団によって拉致・監禁されたキリスト教民主党のアルド・モーロ元首相は、ローマの街角に乗り捨てられた車のトランクから死体となって発見された。モーロは貴族のごとく私生活を隠しとおすことに固執していた。だが皮肉にも、死体となって報道陣のフラッシュを浴びる結果となり、最も屈辱的な形でその素顔が暴かれることになった。「距離の統語法《シンタックス》」が市民と指導者の関係を司っていた時代は、テレビの登場がもたらした最初の攻撃にも耐えられた。アメリカ合衆国第三五代大統領ジョン・F・ケネディは、骨粗鬆症と内分泌不全症のために塗炭の苦しみを味わう毎日を送っていたが、世界中で最も愛された大統領が自ら選んだ自画像「若くて元気なアメリカの偶像《アイコン》」の仮面が、はがされることはなかった(6)。ところが、今では指導者には隠された個人の秘密などなきに等しい。四六時中探りを入れられ、調べ尽くされ、曝し者にされるのである。事実、大統領や首相の候補者は既往症のないことが、今では最も重要な政治的経歴なのだ。憲法への忠誠よりも妻への忠誠（離婚歴がないこと）のほうが重要だと考える人も少なくない。

「生身の指導者《バイオ・リーダー》」という新たなアイデンティティのパラダイムが、座標軸や羅針盤もないまま確立しようとしている。いまや社会はテレビ放送の視聴者《オーディアンス》や世論調査の対象《ターゲット》と何ら変わりなくなってしまった。そうした社会の緊張や欲動を指導者の身体は体現している。「生政治《バイオ・ポリティックス》」の最終段階としての「生身の指導者」は、指導者と民衆の関係を物理的であると同時に想像上の袋小路に追い込んでいく。(7) 彼らは、マルチ・チャンネル化したメディアの途方もない推進力によって誇張された力、勇気、さらには苦悩をも表現する指導者を演じる。こうした指導者は、ニュース、トークショー、特ダネ、ブログ、ツイッターなどに、ところかまわず出現する。そこでは生身の肉体から即興的に生まれる裸の魅力に自らを委ねざるをえない。二〇〇八年の大統領選挙における共和党の副大統領候補サラ・ペイリンの突然の大人気、民主党の大統領候補バラク・オバマの自信に溢れた着実な歩み、その逆に二〇一〇年のイギリス総選挙に大敗して辞任を余儀なくされた労働党党首ゴードン・ブラウンの無骨なまでのぎこちなさによる不人気、いずれの例も、どんな指導者であれメディアが創った影に縛られてしまうことを、見事なまでに示していた。

シルヴィオ・ベルルスコーニが自分のイメージに合わせて創ったパーソナル・パーティの大成功も、以上のことを念頭において理解しなければならない。彼の天才的な発明であるパーソナル・パーティは、当初より政治と社会の二つの領域に同時に浸透することから活力を引き出していた。意のままになる膨大な人的、財政的資源を動員し、企業をモデルにしたかつてない効率的な組織の政党を創設した。左翼民主党のアキッレ・オッケット書記長は、一九九四年総選挙で左翼「進歩主義者同盟」の「にぎやかな戦車《ジョイオーザ・マッキナ・ダ・グエッラ》」を率いて戦ったものの、まさかの敗北を喫し、寄せ集めの盗賊団の親玉ブランカレオーネと揶揄された。これに対してベルルスコーニの政党「フォルツァ・イタリア」は、古い由緒ある政党に見られた位階制の伝統や集権制原理を保持しつつも、これまでにない企業方式の新型軍であり、きわめて効率的な組織をそなえていた。またフォルツァ・イタリアのもう一つの顔は、ベルルスコーニその人であった。そのカリスマ、エゴ、比類なきレトリック、無限の行動力、たたきあげの象徴である富と私生活、成り上がりたい人々の国と幸福にも成り上がった指導者との融合を示していた。

この二つの顔は、紆余曲折にもかかわらず、その後も長く共存しつづけた。フォルツァ・イタリアは、はじめのころ独自の地方組織がなく、企業のネットワークで代用していたため、プラスチック製の政党と悪口を言われていた。だが、地域拠点を増やすことに成功し、ついには党大会の規定までそなえた普通の政党とほとんど変わりないように思われた時期もあった。

他方、ベルルスコーニが有罪判決を受けたり総選挙に敗北して大きな傷を負い、パーソナル・パーティの創設者にして絶対的支配者のカリスマはほぼ失われたかに思われたにもかかわらず、その後一気に再浮上を遂げ、あっというまに権力の座に返り咲いて敵を窮地に追い込んだ時期もあった。そんなシーソーゲームを最近まで繰り広げ、この二つの顔は同じコインの裏表として共存しつづけた。政党の組織とカリスマによるコミュニケーションは、ベルルスコーニの政党にとって、いずれもなくてはならない二本の柱であった。

もっと後になると、この二つの顔ははがれはじめていく。ベルルスコーニは二〇〇七年十一月にフォルツァ・イタリアの連立政党であった「国民同盟《アレアンツァ・ナツィオナーレ》」と「キリスト教民主主義者《ウニオーネ・デイ・デモクラティチ・クリスティアーニ・》中道連合《エ・ディ・チェントロ》」を吸収合併するような形で、中道右派連合の統一政党「自由の人民《ポポロ・デッラ・リベルタ》」を結成したと発表した。その段階では、ベルルスコーニは新政党を完全に掌握し、意のままに動かせると信じて疑わなかった。少なくとも最初のころは、そうできるかに思われた。ところが、それが大きな間違いであることがやがて明らかになっていく。それまで自分を支えてくれた連立政党との関係が決定的に悪くなったからである。統一政党の結成で行動の自由を奪われたために、キリスト教民主主義者中道連合の党首だったピエル・フェルディナンド・カジーニは、二〇〇八年四月総選挙では自由の人民を離脱し、中道勢力の再結集を目的とする「中道連合《ウニオーネ・ディ・チェントロ》」を率いて選挙戦を戦った。国民同盟の党首だったジャンフランコ・フィーニも、自由の人民を離脱こそしなかったものの下院議長の立場からベルルスコーニ批判を繰り返し、二〇一〇年七月には下院に独自の院内会派「イタリアのための未来と自由《フトゥーロ・エ・リベルタ・ペル・リタリア》」を立ち上げるに至った。政治の人格化の「教理《ドグマ》」が、逆説的に、ベルルスコーニ自身に刃向かいはじめたのである。だが、まだそれは始まりにすぎない。パーソナル・パーティのヴィールスはまず中道右派連合の連立政党に伝染し、それぞれが自分の政党には自分が好きな名前を付ければよいと気づいてしまってからは、はっきりとした拒否反応を示すようになったのである。たった一つの政治的身体に三人を同居させるのは、いかに神のご加護を信ずる者にとっても至難の業である。そればかりか、どんな金属でも低温ではうまく合金にできないのと同じように、三つの異質な伝統や文化を融合しようとしても、低温のままでは、最初からうまくいかないのは当たり前ではないだろうか。だから指導者の人間関係や財力によって抵抗したり耐えるしかない。しかもフォルツァ・イタリアを無敵の軍と考える指導者との完全な一体感や、鉄の規律にもとづいた紐帯など、もうどこにもないのである。

こうして政党が組織面で袋小路に陥り、政党のアイデンティティや存在感も徐々に希薄となるにつれて、指導者の人格の一次元的な露出が強まっていった。指導者は自らを弁護する必要があったからである。メディアは、ベルルスコーニがおびただしい訴訟をかかえた刑事被告人であると報道しつづけた。だから、真っ向からそれと戦う勇敢な指導者を演じなければならなくなった。それまでのベルルスコーニならば、私人としてとっておきの魅力ある姿を喜んで見せようとしただろうが、状況が一変した今では、もっぱら公人としての姿しか見せることができないでいる。ベルルスコーニは生まれながらのボクサーであり、打たれれば必ず打ち返してきた。だが最強のボクサーといえども、いつかは疲れ果ててリングから姿を消さざるをえない。

その徴候を最初に示したのが、ベルルスコーニのセックス・スキャンダルである。この話題は二〇〇九年頃からメディアの注目を集めるようになった。二度目の妻の元女優ヴェロニカ・ラリオが離婚を宣言するきっかけをつくったノエミ・レティツィアという一八歳のモデルとの交際、高級娼婦《エスコート》パトリツィア・ダダリオが録音した私的会話の暴露、モロッコ生まれの未成年の少女ルビー・ルバクオーリ（通称）との淫行、等々である。その一方で、司法取引に応じたマフィアの悔悛者《ペンティート》はベルルスコーニやその腹心マルチェッロ・デルットリのマフィアとの癒着を告発しつづけていた。そして、極めつけは、二〇〇九年十二月十三日にミラノのドゥオーモ広場で起きた暴漢による襲撃事件であった。ドゥオーモ広場で政治集会を終えたベルルスコーニは、一人の精神障害者が土産物店で買った大聖堂《ドゥオーモ》の石膏製の模型を顔面に投げつけられて、鼻中隔が砕け、二本の歯も折れ、唇も裂けるという全治一五日間の傷を負った。そのために、さしもの笑顔やユーモアも形なしとなった。また、こうした猛烈なパンチを浴びつづけ、リングのコーナーにまで追い詰められた指導者の身体が、公衆の面前に曝されてしまったのである。

止めを刺したのは、すでに述べたように、二〇一〇年にかつてその後継者と目されていたジャンフランコ・フィーニが、テレビの生放送中に、「家長《パードレ・パドローネ》」であるベルルスコーニを指さしながら、裏切り者はあんただと叫んだことである。ベルルスコーニの顔面はさながら蠟でできた仮面のように血の気が引いていた。ベルルスコーニにはもうイデオロギーの盾もなければ、組織という陣地もない。そうなってしまえば王様といえども年老いて喘ぐ姿が隠せなくなる。文字どおり裸の王様となってしまうのである。

ハーレムを支配するスルタンの彫像がぐらつくなか、メディアの関心は、それが倒れたのちに生じる指導者と権威の空白に集まっている。ベルルスコーニの樹立した権力の中枢が、崩壊するというよりは自滅したあと、誰がその地位を襲うのであろうか。後継者問題はずっと封印されてきたが、そんな状況で誰が後継者になれるのであろうか。だが、そもそも、こうした問いの立て方自体が間違っているのである。自分で何度も言っているように、ベルルスコーニは唯一無二の存在だからである。それだけではない。ベルルスコーニがモデルをつくったヴィールスは、彼が独占してきた政治の世界を越えて拡がっている。パーソナル・パーティは集団的指導体制に依拠する政党支配体制《パルティートクラツィア》に取って替わったが、今度はそれがたくさんの小政党に分裂し、それぞれが自分だけの光を反射する小さな鏡のようになっていった。ベルルスコーニの遺産で最も御しがたく長持ちしそうなのは「小粒のベルルスコーニ《ベルルスキーニ》」の軍団だ。ベルルスコーニは、じつは、そうした氷山の頂上を示すものでしかなかったのである。

　ベルルスコーニのパーソナル・パーティを模倣して、個人商店のような小政党が数多く誕生した。政治体制は沈黙の掟《オメルタ》を守り、ベルルスコーニの巧言令色に魅せられた一般の人々は沈黙の螺旋《スパイラル・オヴ・サイレンス》に陥っていたので、ほとんどの人がその実態に気づかなかった。それどころかベルルスコーニ主義がもたらした病理現象のせいで、かえって野党の想像力はたくましくなり、闘争心をかきたてた。ベルルスコーニの敵は、何のためらいもなくベルルスコーニこそ最大の標的だと狙いを定め、人気投票型政治支配（人民投票主義《プレビシタリズモ》）の妖怪との戦いに全力を傾注したばかりか、大統領主義《プレジデンシャリズム》の侵攻に対しても勇猛果敢な籠城戦を繰り広げた。ところが、よく目立つベルルスコーニの政党だけを標的にして戦っているうちに、深海にうごめく大蛸のごとき海獣の無数の触手にイタリア全体が絡め取られようとしていたのである。ベルルスコーニの敵は、警鐘が鳴らされても、その多くは、彼が抱えている裁判のことしか思い出さなかった。新聞の見出しも賄賂都市疑獄の幻影に囚われつづけていた。一九九二年にミラノ地方検察庁が始めた構造汚職の大量摘発の記憶から抜け出すことができなかったからである。しかし縁故主義で腐敗した政治の責任を、何もかもすべてベルルスコーニに負わせたところで、そうした告発の効果は一時的でしかない。それどころか、縁故主義で腐敗した政治が国家機構や社会制度の隅々にまで及んでいることを過小評価しかねないのである。

人格化された政治は、繋がってはいるが相異なる二つの回路を通じて再生産され、数を増やしていった。その一つは、すでによく知られているマクロ・パーソナルな回路である。単独の指導者が（たいていは位階制的に組織された）マクロ構造と、（たいていはメディアを通じた）マクロ支持層を、一者対多数者という政治関係のなかで掌握するような回路である。マクロというのは、結集の規模（全国、州、大都市圏）と関係の間接性（テレビや組織による媒介）に因る。マクロ・パーソナルな政治の象徴はなんといってもベルルスコーニだが、近年イタリア政治に出現した単独支配者《モノクラティコ》の地位に就いた者もこれを模倣した。会社の社長のような党首（党書記長・幹事長）、あるいは政党名ではなく自分の名前を投票用紙に書いてもらって当選した州知事や市長がそれに当たる。いずれにせよマクロ・パーソナルな指導者の出現は、二〇年に及ぶベルルスコーニ時代を特徴づける新たな現象といえよう。大衆政党の寡頭制的な集団的論理が支配した時代とは、きわめて大きな断絶があった。マクロ・パーソナルな指導者は、とりわけ自分に好都合な制度上の革新が実現されたときには、競争と変革に突きすすむ猛烈なエネルギーを発揮した。ところが、ミクロ・パーソナルな指導者がほとんど時を同じくして出現してきたために、予想よりもはるかに早く彼らと衝突することになり、あっというまにマクロ・パーソナルな指導者の時代は終わってしまったのである。

みんなが眼にしていたのは、巨大な組織やメディアの氷山の頂上に立つマクロ・パーソナルな指導者だけだったが、その一方で政治の人格化は、それまで大物政治家《ノメンクラトゥーラ》を支えてきた地方議員の世界にも、知らないあいだに着々と根を下ろしていった。地方議会は政治と社会の相互交流の場であるとともに、きわめて貴重な人材の宝庫だった。国家の将来を担う人材の供給源であり、登竜門であり、養成所でもあった。ミクロ・パーソナルな指導者を生み出すきっかけとなったのは、有権者がたった一人の候補者を選んで投票するように地方選挙制度が改正されたことである。だが、こうした小選挙区型多数決方式が導入されたにもかかわらず、有権者が特定の候補者に一票を投じても、比例代表制にもとづいて各候補者名簿に議席を配分し、多数票を得た順に当選が決まるという仕組みが、すべての段階の地方議会選挙において、そのまま存続した。あまりにも評議員の数が多すぎる地区評議会、市議会、野心家ぞろいで高給を貪る州議会が、それに当たる。しかし、そうした地方議会議員に当選するには、自前の政党を創らなければならなかった。各候補者は、何はさておき、自分の陣営の仲間を集めて候補者名簿を作成する必要があったからである。候補者にとって他のすべての候補者は敵であった。そこから、たった一票をめぐる候補者どうしの熾烈な争いが生じた。戸別訪問も候補者どうしの身体と身体のぶつかり合いとなってしまったのである。

パーソナル・パーティは一〇年たって突然変異を遂げた。歴史的に見れば退行といってもよかった。ヤヌスのように二つの顔をもち、一方は未来に向かって伸びていき、他方は過去に根を下ろしていた。シルヴィオ・ベルルスコーニの発明したヴァーチャルなプラスチック製の政党は世界中を席巻したばかりか、第一級の政治家にも模倣者を生みだした。たった数か月で首相の座を獲得するという、ベルルスコーニのメディアと資産を駆使した電撃戦《ブリッツクリーグ》の成功は、おびただしい数の「信者」を生みだした。ベルルスコーニは、世界中の権力者のあいだで長らく禁句となってきた野望を達成した先駆けだった。それは、もう隠れてロビー活動に精を出すのではなく、テレビの生放送を使い、「公衆の面前で《コーラム・ポプロー》」堂々とお金の力と政治制度の権力を融合することであった。(8) 名誉を重んじる首相たちには、そんなやり方を軽蔑しうる者がまだ少しは残っているかもしれないが、ベルルスコーニのようになることしか考えていない野心満々の指導者ならば、山ほどいるのである。

だが、政治の人格化に感染したために地方が蒙った傷は、それどころではなく、もっと深いものであった。はじめのうちは、政治が人格化する過程の主要な担い手は州知事や市長だけと思われていたが、わずか数年のうちに、この現象は、大都会はいうまでもなく寒村に至るまでイタリア半島の隅々に、毛細血管を流れる血液のごとく浸透していった。ベルルスコーニの台風は、政治システムの中心に痩せ細りながらも辛うじて残っていた政党の権威を、土台ごとなぎ倒してしまった。政党という集団的組織構造の最後の砦が崩壊してしまったというのに、みんなは新たな政党の指導者が再来するのを待ち望んでいた。ところが、そこにやって来たのは、新手の名望家だった。おためごかしの理想を旗印に掲げてはいるものの、実のところ、そこにあったのは姑息な損得勘定だけで動く人間関係と空疎な言葉でしかなかった。連邦主義、自治、地域といった彼らが唱えるスローガンも、イタリアの政治を昔の枠組みに戻すためのトロイの木馬に他ならなかった。こういった連中は、みみっちい指導者と、その知り合いや親戚や友達や友達の友達からなる追随者がのさばっていた、昔ながらの政治に戻りたくて仕方がなかったのである。

さしもの孤独な騎士の神話も、シニカルで情け容赦のない因果応報の定めの犠牲となって、自らのエピゴーネンがうごめく泥沼に沈んでしまった。ベルルスコーニのパーソナル・パーティは、どんな軍勢も戦場では打ち負かせなかったのに、無性生殖《パルセノジェネシス》（受精なき固体発生）を繰り返し自分自身を食いつぶしていった。ベルルスコーニは、有権者のあいだに熱烈な支持層を獲得して熾烈な戦いに勝利すると、政治家のなかで成功することにしか関心がなくなった。イタリア政治の舞台に自らの身体を丸ごと投影したために、この国の政治は彼自身のイメージと一体化してしまった。最初は政治イデオロギーの空間に侵入し、この国には彼の名前が冠せられるようになった。外国に行くと、私たちの国はベルルスコーニのイタリアといわれるようになったのである。それから一五年ほど経つと、この国には、親ベルルスコーニ派か、反ベルルスコーニ派しかいなくなってしまった。やがて感染は社会の組織細胞にまで広がった。「生身の指導者《バイオ・リーダーシップ》」の力学が、新たな政治の原動力となり、かつて見たこともない症状を生みだす原因となった。すなわち「自己免疫化《オートイミュニゼーション》」の過程が始まったのである。

人格化された政治は、考えられるすべての攻撃から自らを守るために、絶対的防御態勢を確立するという野望を抱きつづけ、それが正統な野望だとしてきた。ただし、もはや集団的な政治的身体を守るのではなく、たんに個人的な特権を守りたいだけであった。君主が免責特権を主張すると、傲岸不遜にも家臣までもが刑事免責を唱えたのである。ルソーは次のように述べた。「われわれの各々は、身体とすべての力を共同のものとして一般意志の最高の指導の下におく。そしてわれわれは各構成員を、全体の不可分の一部として、ひとまとめとして受けとるのだ」[9]（桑原武夫・前川貞次郎訳）。この言葉は「多数からできた一」（**ex pluribus ad unum**）という近代における普遍主義的な社会契約の原則を示している。ところが、こうした普遍主義的な社会契約の原則は、今では退却を余儀なくされ、大きく崩れさろうとしている。パーソナル・パーティは、そのライフ・サイクルの絶頂期には政治的身体の象徴となった。だが、それは政治的身体の終わりを告げるエピローグでもあった。ホッブズの呪詛に倣っていうならば、政治的身体は個別的で譲り渡すことのできない人格に戻ってしまったのである。しかも国家の胎内に抱かれたまま。

注

（1）H. W. Berman, *Law and Revolution. The Formation of the Western Legal Tradition*, Harvard University Press, Cambridge 1983; A. Pizzorno, "Politics unbound," in C. S. Maier (ed.), *Changing Boundaries of the Political. Essays on the Evolving Balance between the State and Society, Public and Private in Europe*, Cambridge University Press, Cambridge 1982, pp. 27–62; M. Calise, "Corporate Authority in a Long-term

Comparative Perspective. Differences in Institutional Change between Europe and the United States," in *Rechetstheorie*, Beiheft 20, 2002, pp. 307-324.

（2） E. H. Kantorowicz, *The King's Two Bodies: A Study in Medieval Political Theory*, Princeton University Press, Princeton 1957〔小林公訳『王の二つの身体――中世政治神学研究（上）（下）』筑摩書房、二〇〇三年〕; S. Bertelli, *Il Corpo del Re. Sacralità del potere nell'Europa medievale e moderna*, Ponte delle Grazie, Firenze 1995.

（3） M. Duverger, *La monarchie républicaine. Ou comment les démocraties se donnent des rois*, Robert Laffont, Paris 1974.

（4） F. Boni, *Il corpo mediale del leader. Rituali del potere e sacralità del corpo nell'epoca della communicazione globale*, Meltemi, Roma 2002; G. Mazzoleni & A. Sfardini, *Politica Pop. Da «Porta a Porta» a «L'isola dei famosi»*, Il Mulino, Bologna 2009; G. Cuperlo, *Par condicio? Storia e futuro della politica in televisione*, Donzelli, Roma 2006.

（5） E. Novelli, *La turbopolitica. Sessant'anni di comunicazione politica e di scena pubblica in Italia, 1945–2005*, Rizzoli, Milano 2006, p.155.

（6） V. Zucconi, "JFK, il calvario di un presidente. I dolori, le malattie, i farmaci," in *La Repubblica*, 18 novembre 2002, cit. in F. Boni, *Il superleader. Fenomenologia mediatica di Silvio Berlusconi*, Meltemi, Roma 2008, pp. 68–69.

（7） R. Esposito, *Bíos. Biopolitica e filosofia*, Einaudi, Torino 2004.

（8） G. Sartori, *Il sultanato*, Laterza, Roma-Bari 2009, pp. 149–163.

（9） J. J. Rousseau, *Le contrat social, in Œuvres Complètes*, Gallimard, Paris 1959–69, III〔trad. it. *Del contratto sociale*, in *Opere*, a cura di P. Rossi, Sansoni, Firenze 1972, p.285]〔桑原武夫・前川貞次郎訳『社会契約論』岩波書店、一九五四年、三一頁〕.

第12章　失われた根拠

はじめに政党国家があった。[1] 後に人口に膾炙した「政党支配体制《パーティクラシー》」よりもこの表現を用いるほうがよいと考えるのは、ともすればその重要性が見過ごされがちな政党の制度的存立基盤が明らかにされているからである。その後、大雑把に非難される政党の力（クラートゥス）、権力、超権力だけが問題ではなかった。戦後の西ドイツで大きな影響力を持った法学者ゲルハルト・ライプホルツが唱えた「政党国家《パルタイエンシュタット》」論によれば、政党はエリートと構造の両方の空白を満たすものである。国家はその後に建設される。[2] イタリアの政治哲学者ノルベルト・ボッビオも、同じような観点から、イタリアの政治学と政治史におけるガエターノ・モスカのエリート論の意義を再評価するよう訴えた。イタリアでエリートに過剰な役割が与えられたのは、国家を補完する役割を果たしていたからである。イタリアの国家統一は遅れたばかりか不完全であった。中心と周縁を統合する能力など、イタリアのような弱くて未完成の国家にはなかった。だからエリートがその役割を担ったのである。したがってモスカのエリート論は、ボッビオの定義によると、自由主義時代のイタリアにおける「国家論」に他ならなかった。(3) そして第二次大戦後の共和制の時代になると、ファシスト時代に一党独裁を経験したこともある程度功を奏し、自由主義時代のエリートによる国家の補完を継承するような形で、今度は政党が国家を補完することになった。

政党による民主主義国家の建設については、弁護と批判が相半ばした。それぞれのイデオロギー的立場に応じて表現は違っていても、イタリア共和国憲法の成果は高く評価されていた。権利や参加や改革は、政党がなければありえない規則や価値の実現によってもたらされたものだとした。だが他方では、政党と国家が混在しつつ国家建設を進めたことが、あらゆる腐敗の温床となり、この国が正しい道を踏み外す原因となったと断罪されたのである。

その通りだ。正しい道を踏み外してしまったのである。そして、この一五年間は無意味であったとする告発状を、私たちは匿名でなく実名で、いずれ書かなければならなくなるであろう。問題が起きるたびに大急ぎでなされてきた分析は、たしかに倫理的にも非の打ちどころがなく、メディアからも好評を博し、司法上の観点からみても文句のつけようがなかった。しかし、この一五年間の分析はまったく何の役にも立たなかったのである。私たちが善意で満たされた毒入りカクテルを飲まされている間に、学者も評論家も「政治的に正しい《ポリティカリー・コレクト》」ことしか書かなくなってしまったのだ。脱線はこれぐらいにして、話を元に戻そう。

政党国家の現実は、つねにそんなものだが、憲法と腐敗とのあいだにあった。憲法の成果が得られたのも、「経済の奇跡」（一九五八―六三年）の衝撃だけではなく、わずか二〇年足らずで国民国家に大衆を統合するという、政治的奇跡としかいいようのない苛酷な試練に耐え抜いて国家運営ができるような指揮命令構造が、すでに軌道に乗っていたからである。自由主義時代のイタリアは、こうした試練に耐えきれず悲劇的な結末を迎えた。ファシスト時代のイタリアは、大衆の国民国家への統合という課題があることを認めようとはしなかったが、いくつかの分野ではそれを先取りするような試みをした。こうして共和国時代の政党が支配するイタリアになって、やっとそれをやり遂げ、完成を見たのである。そればかりか大衆の国民国家への統合が、必要かつ妥当な範囲を越えて進行していることは、すでに誰もが知るところである。

政党国家がどんな働きをしていたのかを詳しく知りたければ、すでに数多くの本があるので、一つひとつ説明を加えていかなければならない。ところが今の若い世代は、まるで連邦主義、二大政党制、ベルルスコーニ主義しか耳にしないような時代に生きることを余儀なくされている。彼らに、そうした説明を逐一するのは至難の業である。(4) そこで、ここでは二つの点にのみ触れておくことにしたい。その一つは、「政治階級《クラッセ・ポリーティカ》」である。政治階級は、与野党を問わず、時間、空間、文化、理念からなる「連続線《コンティヌウム》」のなかで形成され、選抜されてきた。そして地域と政治の中心をしっかりと結びつける役割を担っていた。もう一つは、こうした連続線には政治活動の「入力《インプット》」と「出力《アウトプット》」が含まれていたことである。合意を結集する入力回路に始まり、政策決定機構を経て出力が生まれるまでのサイクルを持っていた。(5) この二つの特徴が、五〇年にわたって政党支配体制のイタリアを支えてきた棟木であった。だが賄賂都市《タンジェントーポリ》疑獄によって政治階級が瓦解したため、この棟木も壊れてしまった。では、何が、如何にして、それに取って替わったのであろうか。

たしかに連邦主義には、この国の将来の在り方を考えるうえできわめて重要な役割があった。だが、その役割はすぐれてイデオロギー的であるといわざるをえなかった。それにかまけて政党はこれまでの自分の在り方や活動を見直す機会を逸してしまったのである。

政党は「第二共和制」の新たな選挙法と選挙制度の下で再生された（再利用《リサイクル》された）ばかりであり、その身体には、かつて経験したことのないさまざまな事態が生じていたにちがいない。だが政党は、そうした現実から目を背けてしまった。二つの新たな選挙法によってイタリアには革命が起こった。一つは市長の直接選挙を定めた地方選挙法である。もう一つは国政選挙において小選挙区比例代表並立制を定めた選挙法であった。後者によって導入された小選挙区制も不完全であったとはいえ、それまでの比例代表制は相当程度骨抜きにされてしまったのである。

この二つの選挙法が組み合わさったために、予期せぬ形で、中央と地方の新たな関係が形成されることになった。政党国家の時代のような有機的で緊密な関係はもうありえなかった。それどころか、きわめて流動的で不確かな関係となってしまったのである。

ところで一九九〇年代初頭のイタリアにおける中道左派は、思いのほか有利な立場から再出発することができた。「市長の春」のおかげで、思いがけず一般有権者の信頼を回復するというシナリオを手に入れ、これまでにない政治的決定の仕組みを利用できたのである。市長に市議会理事の任命権と市役所職員の人事権を実質的に付与する法改正により、有権者と市長とのあいだには相互の信頼関係が生まれた。政党を迂回するのではなく、むしろこの仕組みが、高い威信を持っていた政党の地方指導者たちに有利に働いたのである。だが、それによって地方レベルでは、官僚制的な党機関の不断の干渉から政党は解放された。少なくともそう見えた。こうして五年、六年、七年が過ぎると、政党と国家の関係も、何かよい方向に変わるのではないかという印象をみんなが抱いた。市長を通して政党が政府の責任を担うようになればよいと考えたのである。もっとも、日常の細々としたことに首を突っこんだり、深入りすべきではない。そんなことをすれば、利害関係や妥協に絡めとられて、結局は非能率と腐敗に陥ってしまう、と。

もちろん、それには限界のあることがすぐに明らかとなった。いくつかの例外を除いて、市長たちは国家の改革を政策綱領で唱えたりせず、活動の中心にもしなかった[6]。初めのころ、市長たちは人気の波が高まるだけで満足し、さほど大きな行政的エネルギーが必要でないような分野にしか関わろうとしなかった。いわゆる象徴的な政策である。それはすぐに成果をもたらしたが、官僚が支配する複雑な利益媒介機構の泥沼には一切踏み込まなかった[7]。だが、そこに中道左派の指導者の歴史的な欠陥がもろに示されていた。それは遺伝子レベルの欠陥といってもよかった。中道左派の指導者には国家機構を妥協の源泉と見なす習慣があったので、大きな威信と影響力をそなえた市長も、大半がそこから遠ざかろうとした。国家機構を改革できるとか、改革しなければならないという考えは、政党国家に冷淡な時代に登場した市長のＤＮＡにはなかった。ましてやメディアの寵児となって上昇気流に乗った新たなエリートには、なおのこと、そんな考えはなかった。彼らにしてみれば体制変革など、やればすぐにでも結果のでる、短期決戦で決着がつく作戦としか考えられなかったのである。国家の改革とは、キメラのような怪獣を造りだしたり、きわめて抽象的な構築物を造りだすようにしか思えなかった。しかし、一〇年の時が過ぎてみると、体制変革に着手しなかったことは重石のようになって、我が世の春を謳歌してきた市長の夢を押し潰してしまうことになるのである。

「市長の春」のおかげでイタリアの大都市の大半は中道左派の牙城となり、ロマーノ・プローディが一九九六年総選挙に向けて結成する「オリーヴの木」の地域的基盤となった。だが、中道左派が有利な立場を得たのは、たんに大都市を征服したからだけではなかった。はじめのころの足取りこそ危うかったが、中道左派は、選挙法改正がもたらしたもう一つの新しい現実である小選挙区制を、自家薬籠中の物にすることができたからである。ところが、逆にそのせいで、中道左派の内部分裂が助長されてしまった。中道右派陣営では、「オリーヴの木」とはまったく異なる強固な構造をもつ政党が対峙し、熾烈な競争を展開していた。カトリック勢力の「キリスト教民主センター《チェントロ・クリスティアーノ・デモクラティコ》」、地域分離主義者の「北部同盟《レガ・ノルド》」、国家主義者の「国民同盟《アレアンツァ・ナツィオナーレ》」、ベルルスコーニの包括政党《キャッチオール・パーティ》「フォルツァ・イタリア」である。他方、中道左派陣営が共通の基盤を見つけることは、中道右派陣営よりもはるかに容易であった。新たな選挙法のせいで統一候補を立てざるをえなくなったとはいえ、中道左派の有権者が自分の支持する陣営に高い忠誠心を抱いていることは疑いがなかった。

中道左派陣営では、一九九六年、二〇〇一年、二〇〇六年の総選挙で三回続けて、比例代表区よりも小選挙区のほうが高い得票率を記録した。(8) そこから、二つの重要な結果が生じる。

第一は、中道左派陣営が地域的基盤を築き獲得した票によって、たんに数の上だけではなく、ベルルスコーニの道路ローラーのようなリーダーシップと比べればあまりにも脆弱な中道左派のリーダーシップを、少なくとも部分的には埋め合わせることができた。第二は、中道左派の国会議員には強固な地盤があり、小選挙区での正面対決にはめっぽう強かったが、ベルルスコーニの包括政党が中道右派の国会議員に提供したような強力で手厚い保護はなかった。中道左派の国会議員の唯一の武器は、選挙区を限なく戸別訪問して票を掘り起こし、同盟を組んだ政党の有力者の人気にあやかってブームを引き起こす力くらいしかなかった。それでも、もちろん地方行政を掌握しているのは大きな助けとなり、配下の市長が重要な役割を果たした。ただし、地域で合意づくりをする点では共通しているが、国会議員選挙と市長選挙は、相異なる二つの平行した政治回路と考えなければならない。

以上のように、中道左派はおよそ一〇年以上にわたって、「底辺《バッソ》」から再出発を遂げ、「地域《テリトリオ》」に基盤を確立した。これが中道左派の力であり、ベルルスコーニのメディアによる中央集権政治に対抗するための政治的資源であった。だが、そこには中道左派のアキレス腱ともいうべき限界が潜んでいた。政権中枢との関係が弱すぎたばかりか、次第にひびまで入ってしまったからである。政党国家の時代は、地域的基盤からの流れが政権中枢に合流し、そこから活力、規則、位階制などを取り込んでいくというサイクルを形成していた。しかし中道左派の地域的基盤の側にいる者からすると、政権中枢とのパイプを見つけるのは容易ではなかった。これも驚くに値しない。賄賂都市疑惑の嵐の後で、かつての政党の地域的基盤が根本的に変わったのに、政権中枢ではそうならなかったからである。政権中枢では、かろうじて生き残った政治指導者が、危機に陥った古い政党のために新たな器や新たな名前を用意してみたものの、結局のところ、ベルルスコーニが創設した出来たてほやほやの政党との競争に勝つことができなかった。その政党は、かのソビエト連邦においてでさえ誰も考えたことも見たこともない、企業をモデルとしつつも、まるで軍隊のように集権化されたパーソナル・パーティであった。かくも強大な戦車に立ち向かうには、どんな資源やどんな組織を用意すればよかったというのであろうか。

　ローマにいた中道左派の指導者は、「底辺」からエネルギーを吸い上げて政権交代のある民主主義を実現する、という理想を掲げていた。そしてオリーヴの木といった樹木やマーガレットといった草花を統一のシンボルにして、中道左派の諸勢力をひとつの器のなかに束ねようと幾度となく試みたものの、結局は失敗した。それどころか、市長の成功も、はじめのうちこそ称賛されたものの、だんだんと疑いの眼で見られるようになった。他方、中道左派には、激戦区での選挙戦を勝ち抜いた国会議員に、その見返りとして党の中央委員会や地方連盟の高い地位を与えるといった論功行賞の仕組みもまったくなかった。いずれにせよ、このような新しい「政治階級」の活力源となった地域との人格的な結びつきはまったく認めてもらえなかった。それどころではなかった。ローマにいた中道左派の指導者は、本質的には自立した形で自らの威信と権力が蓄積できることを証明した新たな政治階級を、最初は疎ましく思っただけだったが、後には疑うようにさえなったのである。それはともかく、さまざまな村や町の数多くの選挙区から誕生した「新人《オミネース・ノーウィ》」のうち、ローマの政権中枢にまでたどり着いた者はひとりもいなかった。初めは情け容赦なく遠ざけられ、次いで「静かにしろ」と命令され、最後は破門されてしまったのである。

はじめのころ「新人」は「酋長《カチツキ》」と呼ばれたり、市長の「一〇〇都市《チェント・チッタ》」運動を皮肉って「一〇〇のフライパン《チェント・パルデッレ》」などと揶揄されたが、ローマにいた中道左派の聡明にして権威ある指導層が発した言葉だっただけに、聞き捨てならなかった。ところが、当の指導層が、決定的な時機に路線を変更し、戦略を転換することを余儀なくされたのである。それが二〇〇〇年の州知事選挙であった。当時の首相マッシモ・ダレーマは、勝利に向けて全力を注ぐと決断した。中道左派の政党や政府がはっきりと地域を主戦場に選び、総力をあげてベルルスコーニのパーソナル・パーティとの正面対決を企てたのは、これが最初で最後であった。「下《バッソ》」からの政治の人格化対「上《アルト》」からの政治の人格化の対決であった。おそらくは、翌年にひかえた総選挙でのベルルスコーニの地滑り的な大勝利を阻止しうる唯一の機会であり、それゆえ勇気ある大胆な選択であることはまちがいなかった。だが、残念ながら、この作戦は実を結ばなかった。カンパーニア州でアントニオ・バッソリーノが州知事に当選したことを除けば、中道左派は伝統的な地盤である

「赤い地帯《ゾーナ・ロッサ》」でしか勝利が収められなかった。敗北の責任をとってダレーマは首相を辞任した。地方と中央には戦略的な結びつき《リンク》があるとしてそれに賭けようとした、たった一回きりの幕間劇の幕が閉じられたのである。

中道左派連合「オリーヴの木」は、二〇〇一年の総選挙に若くてハンサムなローマ市長フランチェスコ・ルテッリを首相候補に擁立してベルルスコーニと戦ったが、大敗北を喫した。それから五年間、ローマの中道左派の指導層は自分が蒙った深い傷を癒すことだけに専念した。こうして自縄自縛に陥った中道左派の指導層を、『息子の部屋《ラ・スタンツァ・デル・フィーリオ》』でカンヌ映画祭パルム・ドール賞を受賞した映画監督ナンニ・モレッティは激しく罵倒した。そして、もうこんな指導者たちは当てにできないとして、ベルルスコーニ政権に対抗して民主主義と法治国家を擁護する新たな市民運動「ジーロトンディ」を呼びかけた。ジーロトンディとは、手をつなぎ輪になって歌いながらぐるぐる回る子どものお遊戯を意味する。ミラノの司法庁舎を市民が手をつないで取り囲んだのを皮切りに、ジーロトンディ運動はローマやフィレンツェなど全国の大都市に広まっていった。それは中道左派を取り巻く環境が根本的に変化したことを示していた。とすれば誰を対話者とすべきなのか、そのためにはどんなシナリオが必要なのか。あらゆることを見直さなければならなかった。こうして「市民社会《ソチエタ・チヴィーレ》」の神話が復活した。だが、リアルというよりもヴァーチャルな神話だった。それは、いわば肉も骨もない、「地域《テリトリオ》」に根のない社会である。地域に暮らす住民と直に触れあい、それをとおして有為な人材を発掘するようなことができないヴァーチャルな社会なのである。「市民社会」とは、新聞やテレビなど新旧のメディアに取り上げられ解釈がほどこされた「世論の社会《ソチエタ・デッロピニオーネ》」に他ならない。一般の人々との関係を取り戻すには、中道左派の政治家といえども、テレビのワイドショーに出演せざるをえない。自分たちの主張やそれをめぐる討論のほとんどが、そこでおこなわれているからである。あるいはインターネットを通じて政治動員を図るしかない。ところが公共的な議論を提起したり方向づけたりしたいときは、結局のところ、あいもかわらず中道左派系の新聞に依拠せざるをえなかったのである。

「世論の社会」としての「市民社会」が台頭する一方、地域的ネットワークに依拠した「合意の社会《ソチエタ・デル・コンセンソ》」としての「地域の社会《ソチエタ・デル・テリトリオ》」は衰退し放棄された。その転換点となったのは、「左翼民主派《デモクラティチ・ディ・シニストラ》」の執行部が二〇〇五年七月に採択した決議である。これで局面が大きく変わった。

その少し前の同年四月の州議会選挙において、中道左派は選挙がおこなわれた九つの州のうち七つの州の議会で多数派を取り戻すという大勝利を収めた。一年後の総選挙でベルルスコーニ政権との対決をひかえた中道左派にとっては、幸先のよいスタートとなるはずであった。ところが、ベルルスコーニ軍団に正面攻撃を仕掛けるならば、総力をあげて全勢力を結集すべきときなのに、ローマの中道左派の指導層は、すべてを台無しにしかねない支離滅裂な指令を下す決議を採択した。州議会選挙の成果は、突如として勝利の祭壇から引きずり降ろされたばかりか、疑惑だらけのゴミ溜めか泥沼と見なされた。いわば破門が命じられたようなものであり、とりわけ南部における地方政府の役割の評価が逆転した。市長や州知事は、もはや市民との新たな関係を築くための理想的な結節点ではなく、「第一共和制」の亡霊をもろに呼び覚ます、腐敗した権力システムの人名録でしかなかった。南部において中道左派を支えてきた「地域」の政治的土壌に対して「道徳問題」という鉄のカーテンが下ろされたのである。

中道左派連合「ウニオーネ」で中央と地方の断絶が決定的となったのは、「ポルチェルム」法が突如制定されたことであった。二〇〇五年十二月にベルルスコーニ政権の制度改革・地方分権担当相ロベルト・カルデローリは、このままでは任期満了に伴う翌年春の総選挙で中道右派は敗北すると考え、選挙法を改正した。すなわち小選挙区制を廃止し、拘束名簿式比例代表制を復活したのである（下院での相対的多数を得た政党［ないし政党連合］の名簿には三四〇議席のプレミアムが与えられ、上院は州ごとに集計して相対的多数を得た政党［ないし政党連合］の名簿には少なくとも定数の五五パーセントのプレミアムが与えられた）。カルデローリ自身が「豚の糞みた《ポルカータ》いな法」とけなしたので、政治学者のジョヴァンニ・サルトーリは、これをラテン語で「ポルチェルム」（子豚）法と命名した。

それはともかく、ベルルスコーニが二〇年近くもヘゲモニーを握ることができたのは、こうした欺瞞的な選挙法が成立したことによるものでもあった。ゲームの規則が覆されてしまったために、ロマーノ・プローディが率いる中道左派連合「ウニオーネ」は、僅差の勝利しか得ることができなかった。少なくとも成熟した民主主義国の歴史において、これほどまでに巧妙かつ破廉恥な形で「クーデタ」を起こした例は、そんなに多くないように思われる。「ポルチェルム」法によって敵は止めを刺された。ところが、じつは敵であった中道左派も共犯者であった。もう忘れている人も多いかもしれないが、要するに「ポルチェルム」法は憲法が定める合法性の枠内すれすれの法律であった。したがって憲法違反と考える者も少なくなかった。それなのにイタリアではおざなりの反対意見しか表明されなかった。野党は、バリケードを築いて大衆動員を図り、この期に及んでもまだ躊躇する国家元首（大統領）に断固たる措置をとるよう訴えるのではなく、結局のところ、「ポルチェルム」法を認めてしまった。それが中道左派連合の中央と地方の関係を破壊する必殺技であることに、まったく気づいていなかった。むしろ、内心では地方を中央に従わせる手段がやっと見つかったと喜んでいた。いいかえると「ウニオーネ」を自分の手で前もって沈没させてしまった連中が、総選挙に勝利するぞと叫んでいたのである。こうして「ウニオーネ」では、党幹部《ノメンクラトゥーラ》のお墨付きをもらった人間しか国会議員になれなくなった。だが、負った傷はこれだけではなかった。

総選挙に負けたのに、選挙法が変わらなければ上院では勝てたなどという、ベルルスコーニのいつもながらの大風呂敷は脇においておこう。だが、もし選挙法が変わらなかったら、まちがいなく総選挙の結果は違っていた。以前の「マッタレルム」法なら、それ以前の総選挙と同じように、中道左派では、総得票数でみると比例区よりも小選挙区のほうが四、五パーセント多かったはずである。この計算によって議席配分をした場合、中道左派は小選挙区でも比例区でも勝利していたことであろう。しかし、「ポルチェルム」法のせいで僅差の勝利を余儀なくされたために、中道左派政権は、わずかの票差で不信任案が可決され、たったの二年で崩壊してしまった。「ポルチェルム」法には、こうした数の詐術のみならず、上下両院の国会議員全体にかかわる、もっと本質的なトリックが仕掛けられていた。小選挙区制がなくなったのである。大都市か地方かを問わず「地域」と密着した小選挙区から、候補者が自分の名前を掲げて出馬し、左右の両陣営が全力を投入して活発な選挙戦を展開するなか、生身の有権者が投票することで選ばれた下院議員や上院議員がいなくなってしまった。小選挙区制ではそれぞれの陣営で協定が結ばれ、統一候補が「地域」の代表として選出された。ところが拘束名簿式比例代表制に変わると、政党地方支部の書記が候補者名簿に記載されるようになった。その結果、またしても政党の組織の仕方や役割が変わったのである。

中道左派では、自陣営の市長や県知事を攻撃するとともに、小選挙区選出の代議士を屈伏させるか粛清したために、中央と地方の関係は完全に断絶してしまった。旧イタリア共産党と旧キリスト教民主党を融合して一つの民主主義政党を設立するという大胆な試みが始まる矢先に、そうしたことが起こっていたのである。それゆえ二〇〇七年十月に設立されたヴァルテル・ヴェルトローニの率いる「民主党《パルティート・デモクラティコ》」には、ロマーノ・プローディの中道左派諸勢力と市長や県知事が行政を握る地方自治体を何とか結びつけようとする同盟の論理が、最初から見当たらなかった。とにかく民主党だけでやろうとした。誰もが言うように、独力で空を飛ぶ夢を見ていたのである。独力といっても、「地域」にはもう根がなく、同盟を組む政党もなかった。そればかりかアントニ・ディ・ピエートロの「価値あるイタリア《イタリア・ディ・ヴァローリ》」が強力な競争相手として虎視眈眈と隙を狙っていた。賄賂都市疑惑を追及して国民的英雄となった元検事のディ・ピエートロは、ベルルスコーニのあまりにも恣意的な法律の制定や濫用にあらためて強い怒りを覚えた市民の高い支持を得ていた。その結果民主党は、独力で空を飛ぶ夢を見たあげく、着陸でも大失敗した。

それだけではない。民主党は、すべての責任を、もうベルルスコーニだけに負わせることができなくなった。たしかにベルルスコーニが、イタリアの過渡期を支配する「主人《ドミヌス》」の座に就いてしまったために、莫大な政治資金を持ち、マス・メディアを戦略的に支配するという、かつて例を見ないほどの個人的資源を備えた一人の男が、いやおうもなく前進を遂げていったという側面だけが一方的に強調されがちである。しかし、それだけでは、賄賂都市疑惑の危機で荒廃したイタリアの政治システムにベルルスコーニが突入できた理由を説明することができたとしても、一五年もの長きにわたりイタリアの政治システムを支配しつづけたばかりか、権力を確立した理由を説明するには不十分である。ベルルスコーニという「新しい君主《ヌオーヴォ・プリンチペ》」が成功するのに決定的な貢献をしたのは、野党であり、野党に属する政治階級の総崩れである。近代国家は、その黎明期以来、君主と諸階級（貴族と平民）の出会いと衝突から生じる緊張関係を推進力にして、成長を遂げてきた。王の二つの身体は、無性生殖によって生まれたのではなく、こうした君主と諸階級の二元論が、何世紀もかけて一つの制度的な妥協にたどり着いた結果、生まれた。やがて、一国の集団的な公共領域は国王の人格のうちに宿るが、それを支配するのは諸階級であると考えられる

ようになった。「領土＝地域《テリトリー》」に根拠を持つことが、支配の正統性を保障すると考えられたのである。(9)

前代未聞の単独者支配《モノクラシー》が今日のイタリアに成立したのは、ベルルスコーニが強大な権力を掌握して濫用したせいだと主張するだけなら、何世紀も前から幾度となく繰り返されてきた「暴君に対する自由の弁護」(vindiciae contra tyrannos) と同じことになりかねない。そう言うことで野党が有利な立場に立てるのなら別に構わない。だが本当は、イタリアの左翼ではまだタブーである極めて不愉快な問いが、自分たちに向けられるのを回避するために、そう言っているにすぎないのだ。政治の人格化へと移行するのはもう避けられないのに、中道左派政党の政治階級はそれに適応しそこなったのではないか、大物か小物かを問わず政治の人格化を表す指導者たちが政党に固有の集団行動の論理に新たな挑戦状を突きつけてきたにもかかわらず、それと真正面から取り組み、きちんとした解釈をして、最終的には受容するだけの能力が、中道左派政党の政治階級にはなかったのではないか、という問いである。(10) 彼らは、指導者の人格的な身体が政治の舞台を独占するのは、イタリアではたびたび起るアブノーマルな現象だと割り切り、夜が明け、こうした逸脱現象が終わるのを、ただひたすら待ちつづけているのだ。そうすることで結局は闇夜を必要以上に長引かせてきたのである。

注

（1）本章は以下に掲載された論文に若干の加筆訂正をして再録したものである。*Italianieuropei*, 2, 2009.

（2）G. Leibholz, *Das Wesen der Repräsentation und der Gestaltwandel der Demokratie im 20 Jahrhundert*. Berlin 1966［trad. it, *La rappresentazione nella democrazia*, Giuffrè, Milano 1989］〔清水望・渡辺重範訳『現代政党国家』早稲田大学出版部、一九七七年〕.

（3）N. Bobbio, “Introduzione,” in G. Mosca, *La classe politica*, Laterza, Roma-Bari 1975.

（4）M. Calise, *Dopo la partitocrazia. L'Italia tra modelli e realtà*, Einaudi, Torino 1994.

（5）M. Calise e R. Mannheimer, *Governanti in Italia. Un trentennio repubblicano*（*1946–1976*）, Il Mulino, Bologna 1982.

（6）L. Vandelli, *Sindaci e miti. Sisifo, Tantalo e Damocle nell'amministrazione locale*, Il Mulino, Bologna 1997; R. Catanzaro, F. Piselli, F. Ramella & C. Trigilia, *Comuni nuovi. Il cambiamento nei governi locali*, Il Mulino, Bologna 2002.

（7）M. Cilento, *Governo locale e politiche simboliche. Il caso Bagnoli*, Liguoli, Napoli 2000; E. Pasotti, *Political Branding in Cities. The Decline of Machine Politics in Bogotà, Naples, and Chicago*, Cambridge University Press, New York 2010.

（8）R. D'Alimonte & S. Bartolini (eds.), *Maggioritario finalmente? La transizione elettorale 1994–2001*, Il Mulino, Bologna 2002.

（9）G. Poggi, *La vicende dello stato moderno*, Il Mulino, Bologna 1978.

（10）M. Calise, *La Terza Repubblica. Partiti contro presidenti*, Laterza, Roma-Bari 2005.

第13章　理性・利益・情念

政治の人格化の力学がうまく捉えきれない理由はいろいろと考えられるが、なかでも一番しつこくて厄介な障害は、合理的な投票行動というパラダイムである。それによれば各々の有権者は各政党の綱領を検討し、最も納得のいく選択をしたうえで投票するとされる。ところが、いかんせん、ここ数年の世論調査によると、大多数の有権者はきちんとした情報をほとんど、あるいはまったく得ようとしないまま投票する。また、政治とは無縁の生活を送る人々は、たいてい投票日の直前になって誰に投票するかを決める。こうした有権者は「合理的選択《ラショナル・チョイス》」の理念型とは何の関係もない手段を通して刺激を受け、動機を与えられて投票する。それなのに左翼の支配的なイデオロギーは、かくも明々白々な事実に、ことごとく抵抗しようとするのである(1)。

政治の舞台で活躍するあらゆるアクターは、長きにわたって合理的な有権者を好ましいと考えてきた。とくに政党がそうである。そう考えることで政党は、まずは人々の要求に耳を傾ける、次いで苦労の末にそれらの要求を政策リストに纏め上げる、そして最後はあれこれの問題を解決する、そのような能力を持つ存在であるという自画像を描くことができた。だが、こんな好循環はもはやありえない。現在の市民‐有権者は、しかるべく情報を得たとしても、自分の期待に合うかどうかだけで政党を選ぶからである。だが合理的な有権者という図式が好きなのは、政党や市民だけではない。メディアもそうである。そう考えることでメディアは選挙を自分のイメージどおりに表現できるからである。有力紙がつくる枠組みのなかで世論と世論がぶつかり合うというイメージである。このモデルは政治学者の欲望も満足させるものであった。政治学者は、難解で重厚な論文を執筆するときには、たとえ嫌な事実であっても正確に書くといってよいだろう。ところが、政治学者が改革者になろうと色気をもったとたん、「公共倫理《パブリック・エシック》」というお上品な「紳士淑女の社交界《ボン・トン》」の約束事にとらわれてしまうのである。こう言いかえることもできよう。では、みなさんご一緒に、合理的に考えて投票しましょう！　しかし、現実はそんなものではない。そういわざるをえない。

　投票行動の古典的な研究によると、市民が誰に投票するかの決め方については、合理的選択にもとづく「意見による投票《ヴォート・ディ・オピニオーネ》」の他に、あと二つの回路がある。「帰属による投票《ヴォート・ディ・アパルテネンツァ》」と「交換による投票《ヴォート・ディ・スカンビオ》」である。投票行動の類型論といえば、今なお必読文献とされているのが、アルトゥーロ・パリージとジャンフランコ・パスクィーノが三〇年も前に公表した論文である。アメリカの選挙社会学の伝統に則って書かれた論文で、その後数十年にわたりイタリアの政治論争に大きな影響を与えつづけた[2]。きわめて大雑把にいってしまえば、「帰属による投票」とは、政党への加入から生じるもので、たいていの場合、一次的な社会化過程（家族をとおして継承された投票行動）や「地域《テリトリオ》」との一体化過程をとおして培われてきた。「第一共和制《プリマ・レプッブリカ》」の絶頂期には「キリスト教民主党」の地盤であるロンバルディア州とヴェネト州の「白い」サブカルチャーの地域、それと「イタリア共産党」の地盤であるエミリア・ロマーニャ州、トスカーナ州、ウンブリア州の「赤い」サブカルチャーの地域を知らない者は誰ひとりとしていなかった(3)。カトリシズムや共産主義といった宗教ないしイデオロギーが、政党への帰属を有機的に支える世界観のような役割を果たしたことにより、こうしたサブカルチャー（下位文化）構造が生まれた。

それに対して、「交換による投票」は、市場が自ずと紡ぎだす利益のネットワークや結びつきを前提とする、非対称的な二者間の個人主義的な交換関係にもとづいておこなわれる。アメリカ合衆国ではパトロネージと呼ばれ、政治家の支持者に対する便宜供与を意味した。悪名高きニューヨークやシカゴのマシーン・ポリティクス（政党ボスによる黒幕支配）はそうしたパトロネージにもとづいていたが、他方では数百万人にのぼる新移民を民主主義のメルティング・ポット（坩堝）に統合する役割も担っていたのである。アメリカの政治学者ガブリエル・アーモンドとシドニー・ヴァーバは、およそ半世紀も前に自国の政治文化を理想化して「市民文化《シヴィック・カルチャー》」という概念を提起した。イタリアでは、「市民文化」の未発達に劣等感を抱いた政治学者が共犯者となって、「交換による投票」は「縁故主義《クライエンテリズム》」によるものとし、とりわけ経済的な後進地域であるイタリアの南部に特徴的な投票行動であるとされた。これについては後述するつもりだが、価値判断を離れた立場から見ると、むしろ「ミクロ・パーソナルな投票」というカテゴリーであるというだけに止めておきたい。

投票行動をこのように類型化すると、イタリアにおけるここ二〇年間の選挙結果を、主要な有権者集団の変遷をとおして、きわめて単純かつ明快に説明できるという長所がある。[4]

そのため、この類型論はとくに中道左派において支配的な解釈図式となった。その最も顕著な例が、小選挙区制を採用せよとの主張である。これは次の三つの診断を根拠としていた。

第一に、政党への帰属意識は危機に瀕している（「ベルリンの壁」崩壊によるイデオロギーの融解も原因の一つである）。第二に、縁故主義のネットワークも崩壊しつつある（旧来の政権与党が司法当局による構造汚職の追及で壊滅したせいでもある）。第三に、イタリアの有権者も、「帰属による投票」や「交換による投票」から解放されて、政権を担うのに最もふさわしい政党を合理的に選択するという、他の成熟した民主主義諸国では支配的な（？）趨勢に適応しようとしている。したがって、こうした好循環の論理的帰結であると同時に必要条件となるのは、政治の舞台に立つ政党を二つに減らすことである。それは選択を単純化するとともに最も有効なものとするからである。

この診断は魅力的だが、残念ながら間違いだらけである。投票行動の三類型の変化に力点をおきすぎている。また、進行中の三類型の変化しか分析していない。事実、「合理的選択論」のパラダイムに反して、「帰属による投票」は予想よりもはるかに強い抵抗力を示したばかりか、復活したといわざるをえないような場合すらある。なかでも、まったく予想もしない形で「北部同盟」の地域的基盤が定着したのは、それに当たる。

「交換による投票」も、なくなると思われたがすぐに復活を遂げ、今では全盛期を迎えているといってもよい。その証拠に、すべての地方選挙（市議会、地区評議会、州議会）において個々の候補者が獲得する「選好票《ヴォート・ディ・プレフェレンツァ》」の割合は、南部だけではなく北部の多くの地域でも増加しつつある。[5] また、ここ数か月の新聞紙面を見ると、司法当局による汚職捜査の記事や、それと並行して市議会や州議会の理事ポストの獲得をめぐる熾烈な対立の記事が、またぞろ増えはじめてきていることも、それを裏付けるものといえよう。

最後になるが、「意見による投票」は、もちろん増えはしたが、予想されたほどには増えなかった。その原因の一つは、メディアそのものをも根本的に変えてしまう、まったく新しいタイプの合意の動員回路との競合であった。

というのも、投票行動の三類型が三者三様に変化していくなかで、きわめて重要な新しい現象が生じていたからである。もう一つ新たな類型を伝統的な三類型に付け加える必要があった。それが「指導者への投票《ヴォート・アル・リーデル》」である。全国レベルであれ、地方レベルであれ、これこそが政党組織の枠組みを破壊してしまう大地震の元凶となった。「市長の春」からベルルスコーニの台頭に至る時期に、「第二共和制」の真の立役者となったのは、じつはこうした「マクロ・パーソナルな投票」だったのである。これは指導者のパーソナリティやカリスマだけにもとづく投票であるが、

図1　投票行動の4類型

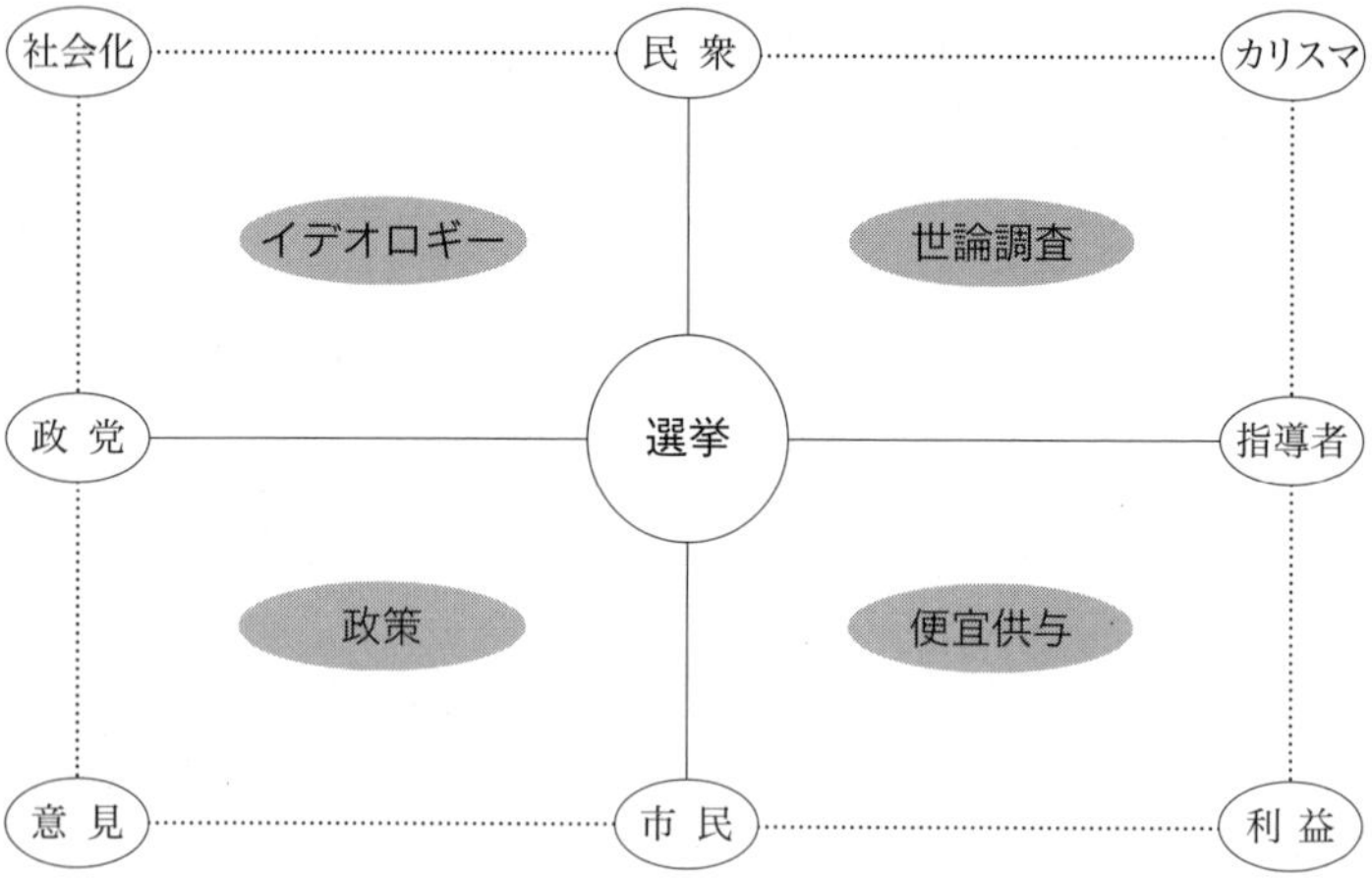

指導者と有権者の関係が「一対多」（マクロ的）であることを特徴とする。これと正反対なのが「ミクロ・パーソナルな投票」で、指導者と有権者の関係は「対面的《フェイス・トゥ・フェイス》」（ミクロ的）である。

図1は、以上を踏まえて、投票行動の四類型を一つのマトリックスに位置づけたものである。図1によって各象限の特徴や相互関係をはっきりと理解することができる。だが、これ以上深入りをするのはやめておこう。詳しい内容を知りたければ、伝統的な投票行動の三類型を補完する見事なマトリックスを作成した、ルイジ・ディ・グレゴーリオの解説を読んでいただきたい(6)。ここでは、いくつか重要な点を指摘するにとどめる。

まずはじめに、実線で示された二つの軸は、選挙市場の競争における投票する者と投票の対象を区別する。縦軸は、すぐれて個人的な動機にもとづく投票行動と、集団への帰属を重視する投票行動とを区別する。他方、横軸では、選挙市場の競争の構造化と、有権者の選択における最も有意な二つのアクターである政党と指導者が示される。

さらに、この二つの軸を交差させることで、四つの象限が生まれる（方法論的な業界用語では属性空間と呼ばれる）。そのそれぞれが四つの投票行動を示す。(7) そのうち三つの象限については、すでによく知られており、本書でも言及したばかりか、先述したディ・グレゴーリオが詳しく説明しているので、割愛する（右下が「交換による投票」、左下が「意見による投票」、左上が「帰属による投票」である）。ここでは、きわめて新しい現象と考えられる右上の象限の特徴についてのみ詳しく見ていきたい。

「ここにはっきりと、現代の西欧民主主義諸国の多くで頻繁に見られるようになった「ポピュリスト的投票」あるいは「カリスマによる投票」が示されている。（…）政治の人格化や劇場化は、テレビやニュー・メディアが手段として頻繁に用いたため生まれたが、冷戦後のイデオロギーの危機の結果でもあった。それによって大衆政党は危機に陥っただけでなく、乗り越えられてしまった。また、指導者の役割を中心とし、往々にしてポピュリスト的方法で民衆の不満に乗じる傾向のあるパーソナル・パーティの誕生が助長された(8)」。

一つのマトリックスに位置づけたおかげで、こうした新しい投票行動と他の三類型との関係が論理的な形で視覚化されたのは重要である。著者の説明をさらに引用しよう。

「抽象度をできるだけ高めたいのなら、上の二つの象限に該当する「帰属による投票」と「カリスマによる投票」を一つにまとめ、下の二つの象限に該当する「意見による投票」と「交換による投票」を一つにまとめることができる。上の二つの象限（第一象限と第四象限）では、「価値」志向的な合理的行動が示されている。これは政党のイデオロギーのみならず政治指導者に対する一定の帰属感をともなうという特徴をもつ。他方、下の二つの象限（第二象限と第三象限）では、「目標」志向的な合理的行動が示されている。これは個々の有権者が、ある種の計算や最低限の合理的な判断にもとづいて投票選択をおこない、アイデンティティや価値の問題にはほとんどかまったく影響されないという特徴をもつ[9]」。

以上のことを踏まえるならば、新しい投票カテゴリーは次のようになる。

「もはや政党への帰属感ではなく、指導者への帰属感にもとづく新しい形態の投票ということができる。また、そう考えるならば、イタリアの有権者の投票行動の安定性が経験的データだけからではなく理論的にも説明できることになる。事実、イタリアの有権者は、「イデオロギーによる投票」（政党志向型《パーティ・オリエンティド》）から、小選挙区制にもとづく二大政党論が想定したような「意見による投票」（争点志向型《イッシュー・オリエンティド》）に移行するのではなく、「カリスマによる投票」（指導者志向型《リーダー・オリエンティド》）に移行した。イタリアの有権者の投票行動が第四象限から第三象限に変位しなかった理由の一つとしては、選挙市場における供給の側（政党）が異常な状態に陥っていたことが考えられる。小選挙区制が導入されたばかりか、「第一共和制」の時代と比べて社会的「亀裂《クリーヴィッジ》」（宗教対立、イデオロギー対立、階級対立、地域対立、人種対立、言語対立等）の数も減り、その政治化の度合いも低下していたにもかかわらず、政党の数はどんどん増え、政党システムはますます「断片化《フラグメンテーション》」を強めていった。なぜならば「指導者志向型」投票が増えたせいで、イタリアの政治階級は新しい政党を創らざるをえなくなり、その結果、一定の有権者の合意を得るだけの能力を持つ新たな指導者が叢生したからである(10)」。

ごく短い引用だが、それでも、イタリアの長い（未完成の）移行期に有権者と政党のあいだで実際に何が起こっていたのかが、歯に衣着せぬ言葉で、はっきりと伝わってくるであろう。もはや破綻しているにもかかわらず、イタリアの左翼があくまでも冷静を装いながら抱いているイデオロギッシュな投票行動の図式に、はたして有権者が適応できたかどうかなど、ましてや調べようがないのである(11)。近年の総選挙では、民主党は第一象限の「カリスマによる投票」を志向する有権者の支持を掘り起こそうとして、選挙戦では首相候補の役割を最大限強調する戦略を採用した。ところが、こうした新しい有権者層の特徴を真っ正面から捉え深く理解することができなかった。実際、二〇〇八年の総選挙で民主党は党首のヴァルテル・ヴェルトローニを首相候補に立てて選挙戦を戦ったが、彼の選挙対策本部はヴェルトローニの人格を強調する選挙戦略を採用したにもかかわらず、今までと同じように「意見による投票」を志向する有権者層の支持を拡大しようとしたのである。彼らが念頭においていたのは、さほど「争点志向的」ではなく、より「候補者志向的」な、ある種の「軽い《ライト》」合理的選択をする有権者であった。こうした選挙戦略によって、たしかに民主党の支持率は上がり、善良そうなヴェルトローニの人柄はうまく伝えられたかもしれないが、しょせんはメディアの狭いサークルでのお遊びでしかなかった。ヴェルトローニのテレビへの出番を増やすのには貢献したかもしれないが、有権者の五臓六腑に染み渡るようなインパクトをもたらすほどの力はなかったのである。「ポピュリスト的な投票」では、指導者との一体感が決め手となる。たとえ権威主義的になろうとも、指導者との関係をある時には熱狂的なものに、またある時には落ち着いた安定したものにできるような訴求力が、指導者には必要なのである。それがあればこそ「価値」のレベルでも指導者との関係は持続的で安定的になる。

左翼には、この種の指導者を疎んじる傾向がある。文化からみても理念からみても、いかがわしいと感じてしまうのである。ところが、とくに地方レベルでは、この種のいかがわしいとされる指導者が、じつはしっかりと職責を果たしてきたと考えられる事例がいくつもあった。それにもかかわらず、左翼は公的な討論の場でもイデオロギーをめぐる論争でも、そうした指導者の存在をはっきりと無視してきた。その一方で、自分の頭で考えて投票する有権者といった、左翼知識人の好みから外れる多数の人々の合意は、一体どうすれば得られるのか、皆目見当がつかないまま手をこまねいていたのである。

だが、いかなる選挙戦略であれ、勝利を目標とするかぎり、あらゆる有権者をターゲットに定め、全員に影響を及ぼすようなものでなければならない。有権者の社会学的な属性だけを見るのではなく、有権者が生み出す多様な合意の回路に着目しなければならない。たとえば、一口に「若者」といっても、まるでたった一つの若者の世界があるかのように考えるならば何も役にも立たない。それは女性の場合でも、民衆の場合でも同じである。若者といっても、便宜供与と引き換えに投票する者もいれば、インターネットの時代なのにまだ新聞を読んでいる者もいる。いまだに地域に根を下ろして生活を営む若者もいれば、一人の指導者に自分たちが必要とするもののすべてを求めようとする若者もいる。

政党は、サイコロを振って駒を進める、すごろく遊びのようなものではない。それゆえ、あらためて政党とは何かを論じるためには、左翼が繰り返し依拠してきた市民社会の神話を、もう魔法の呪文としたり、世直しの鍵にしてはならない。いうまでもなく、彼らがいう市民社会も、理性と利益と情念が織り合わさってできたものなのである。いかなる民主主義政党であれ、民主主義を唱えるかぎりは、四つの象限に属するすべての有権者に対して、正統な空間を与えなければならない。それぞれの象限は、イタリアの有権者を構成する重要で無視できない社会領域を反映しているからである。もちろん四つの象限が、政党組織、政治家、政府の戦略や実践に対して持つ意味は異なる。いずれにせよ、もし四つの象限に属するすべての有権者に正統な空間を与えることができるならば、「多元主義《プルラリズム》」を活性化するためのよい機会となるであろう。多元主義といっても、かつてのイデオロギー派閥や、その遺物を復活せよと言いたいのではない。そうではなく市民社会にも多様な投票行動が存在することを理解し、こうした現実を素直に認めることができる多様な視点が大事だと言いたいだけなのである。

注

（1）本章は以下に掲載された論文に若干の加筆訂正をして再録したものである。*Italianieuropei*, 3, 2008.

（2）A. Parisi & G. Pasquino, "Relazioni partiti-elettori e tipi di voto," in A. Parisi & G. Pasquino（eds.）, *Continuità e mutamento elettorale in Italia. Le elezioni del 20 giugno 1976 e il sistema politico italiano*, Il Mulino, Bologna 1977, pp. 215–249.

（3）I. Diamanti, *Mappe dell'Italia politica. Bianco, rosso, verde, azzurro... e tricolore*, Il Mulino, Bologna 2009〔「白い」サブカルチャーの地域とはカトリック教会の教区組織のもとづく社会的、経済的、文化的ネットワークを、「赤い」サブカルチャーの地域とはイタリア共産党の支部組織にもとづく社会的、経済的、文化的ネットワークを意味する〕.

（4）M. Calise, *La Terza Repubblica. Partiti contro presidenti*, Laterza, Roma-Bari 2005, pp. 63–77.

（5）S. Bolgherini & F. Musella, "Voto di preferenza e "politica personale": la personalizzazione alla prova delle elezioni regionali," in *Quaderni di scienza politica*, XIV, 2, 2007, pp. 275–305.

（6）L. Di Gregorio, "Election," in M. Calise & T. J. Lowi, *Hyperpolitics. An Interactive Dictionary of Political Science Concepts*, University of Chicago Press, Chicago 2010; www.hyperpolitics.net.

（7）M. Calise & T. J. Lowi, "Bringing Concepts Back In," in M. Calise & T. J. Lowi（eds.）, *op. cit.*, pp. 1–25.

（8）L. Di Gregorio, *op. cit.*

（9）*Ibid.*

（10）*Ibid.*

（11）P. Natale, "La fedeltà leggera alla prova: i flussi elettorali del 2006," in R. Mannheimer & P. Natale（eds.）, *L'Italia a metà. Dentro il voto del Paese diviso*, Cairo Editore, Milano 2006; P. Natale, "Mobilità elettorale e fedeltà leggera: i movimenti di voto," in P. Feltrin, P. Natale & L. Ricolfi (eds.), *Nel segreto dell'urna*, Utet, Torino 2007.

結論　ウェーバーのもう一つの顔

もはや恐竜でしかない大政党の時代に幕が下ろされ、出来合い《プレタポルテ》のニュー・リーダーが脚光を浴びるようになると、よくありがちなペシミズムが再び姿を現した。二千年紀の終焉とともに政党が没落したため、二十世紀が民主主義に無限の信頼を寄せた根拠すら崩壊したととらえるような考え方である。それは法治主義の勝利であり、個人の自覚的で合理的な選択能力が社会の網の目のすみずみにまで浸透することであり、一つの価値体系を掲げて時代に挑戦することができ、勇気をもてばどんな障害も乗り越えられるという信頼であった。それが崩壊したために、私たちにとって、これほどまで長きにわたり近代化の道しるべとなってきたウェーバー的なパラダイムが、壊れてしまったかのように思われたのである。

私たちがついこのあいだまで生きていた二十世紀に、マックス・ウェーバーの思想体系ほど深い影響を及ぼしたものはなかった。優れた理論は、いかなる理論であれ同時代の精神を非凡な明晰さでとらえ、そこで得られたさらに大きな持続力と生命力のある成果を、未来に向かって投影していこうとする。ウェーバーの理論はまさにそのようなものであり、現代社会の到来を告げる大きな変化の最も重要な側面の分析に、その影響を浸透させていった。今でもイタリアの歴史を読み直すには、権力の分析と権力の危機に関するウェーバーの眼鏡をかけなければ、実質的に不可能である。しかし、ウェーバーがもっと直接的な形で文化的影響力を持つまでには、第二次大戦後を待たなければならなかった。第二次大戦後に、タルコット・パーソンズやラインハルト・ベンディックスのような並外れた力量と権威を持つ社会学者がウェーバーの普及に尽力したおかげで、ウェーバーの解釈がアメリカ中の大学に広まったからである。その後ウェーバーはヨーロッパや、二流扱いされてきたドイツ本国でも復活した。そしてわずか数年のうちに、現代社会がどこに向かって進んでいるのかを理解するには不可欠のパラダイムとなった。少なくともアメリカ合衆国を経由したウェーバーの通俗的な解釈によるかぎりは、そういってもまちがいではない。ただアメリカ的な「軽さ」に逆らうのはむずかしかったので、ウェーバーの解釈が単純化されたり、幾分嚙み砕かれたものとなるのは致し方なかった。

アメリカにおいて、ウェーバーは現代世界にとっての新たな「信条《クレド》」の提唱者となり、それを理解するための新たな鍵を握る者となった。ヨーロッパも大急ぎでそのあとを追いかけた。現代世界を根底から支配する運命の中心には、官僚制的な合理性があった。それは権威の力と正統性の力を統一する秩序原理であり、組織原理であった。経済と民主主義の拡大を可能にした諸制度は、合理性と法の規則に従うとともに縛られることによって、その力を引き出してきた。合理性と法は融合して「合法的‐合理的な権力《リーガル・ラショナル・パワー》」となることによって初めて未曾有の発展を遂げるための原動力を獲得した。さらに合法的‐合理的権力は、命令権の「非人格性《インパーソナリティ》」から力を得ることにより、かつての恣意的で予測不可能な権力にとってかわった。政治における民主主義国家の拡大は、経済における資本制と同じように、合法的‐合理的権力が一般の人々のあいだで広範な正統性を獲得したことから生まれた。そうした正統性は、現代世界の経済と政治を統轄する手続きが「自動制御的《オートマティック》」で「一般的《ジェネラル》」な性格をもつことによる「普遍主義的《ユニヴァーサリスティック》」なものであった。したがって、かつては権力機構を動かすのに必要と考えられていた多種多様な形態をもつ「個別主義的《パティキュラリスティック》」な紐帯とはまったく異なっていた。

権力の新たな正統性原理となった合法的‐合理的な信条の名の下で、歴史は短期間のうちに書き換えられ、私たちの生活も組織を中心とするものへと大転換を遂げた。初めのころこそ危うくみえたが、当初よりすでに歴史の王道となる兆しがあり、やがては不可避の未来と見なされるようになった。そして社会主義体制のように、明らかに例外となるように思われる政治体制でさえ、このモデルに同化していった。社会主義体制は、合目的性を越えた先にまで合理性の境界線と目標を設定し、世界の計画化を実現しようとした官僚制的「レヴァイアサン」だった。それはともかく、一九五〇年代、六〇年代をとおして政治的、経済的発展のパラダイムは、ごくわずかの単純なカテゴリーがあれば説明できるとしていた。いくつかの手段を用いて政府が介入さえすれば、どんな後進国でも、どんなイデオロギーの国でも、先進国で実現されたモデルとそっくりに変身できると約束した。こうして世界は第一世界、第二世界、第三世界に分かれていったが、ウェーバー的な世界であることに変わりなかった。おそらくウェーバーの意図に反するだろうが、そうなってしまった。

こんな欲張りな夢から最初に目を覚ましたのは経済学であった。経済発展の予測がまちがっていると、歎きつつ驚きをもって認めたのも経済学であった。すでに一九七〇年代末に、アルバート・ハーシュマンは開発経済学の盛衰をテーマに厳しい自己批判の書を著していた(1)。その結果、資本主義が官僚制的合理性を前提に抱いてきた発展についての楽観的な確信は根本から見直され、その確実性や予測可能性はきわめて低いとする解釈が復活した。こうしてネオ・リベラリズムの旗印の下で、野獣のごとき市場の精神が蘇り、経済学の表舞台を支配することになったのである。市場の精神は、あるときには、もはや時代遅れとなった「文明《ツィヴィリザツィオン》」の発展段階論に替わって、国民総生産（GNP）の成長率という楽観主義的な衣を纏って現れた。また、あるときには、リベラリズムの神話を粉々に打ち砕いた世界恐慌を念頭におきながら、その解釈をめぐる論争の衣を纏って現れた。いずれにせよポスト・ウェーバー経済学は、社会科学の創始者《ファウンディング・ファーザー》ウェーバーが、マルクスやゾンバルトとの論争のなかで性急にはねつけてしまった、もうひとつの現実の流れを再発見したのである。

しかし政治学の場合には、合法的－合理的権力はあらゆる抵抗を打ち砕いて前進するという、過度に俗流化したウェーバー的解釈から距離を置くことは、実はウェーバーのもう一つの顔を再発見することを意味していた。ウェーバーが権力関係の定式化に用いた最初の類型論を、さらにいっそう厳密に読み直す方向に戻ったのである。ウェーバーは法と合理性に依拠した新しい官僚制の非人格的な権力と、世襲的な地位やカリスマの名の下に権力を直接行使する個人の伝統的な権力とを区別していた。たしかにウェーバーは、官僚制的権力こそが新しい時代の支配的な形態であると見ていた。だが、その一方でウェーバーは、こうした主張が単純で一面的と受け取られないよう細心の注意も払っていた。ウェーバーの権力類型論は、単純で一面的な進化論的解釈に止まらなかった。実際の日常生活では、官僚制的権力とは異なるさまざまな権力形態がまだ大きな抵抗力を持っていたばかりか、強い連続性を示していたことも十分に理解していたからである。それどころか、こうした権力形態には断絶や革新をもたらす力があると認めていた。合理性が人間の生きる世界に及ぼす「鉄の檻」のごとき束縛を憂慮していたウェーバーは、カリスマの権力こそが、既成秩序や既成秩序になりかかった枠組みを打破するための貴重な資源になるのではないかと考えた。また、個別主義的な利害関係が織りなす伝統的紐帯を守ることができれば、政府が法によって強制する過度に厳格な支配の網の目のなかでも、ある程度まで自由で好き勝手に動ける空間が保てるのではないかと考えた。いずれにせよウェーバーは、官僚制的合理性にもとづく命令権の非人格性だけではなく、権力の人格化についても忘れなかった。そして、権力の人格化は、隙さえあれば、いつ、どこにでも生じると考えた。

だが、たとえどんな道をたどろうとも行く先が明白である以上、ウェーバーのもう一つの顔を考慮に入れるといっても、文化に関しても、倫理に関しても、そう簡単なことではない。もっとも、こうした方向に針路を正すような研究がなかったわけではない。人格的な権力に関するギュンター・ロートの珠玉の論考を読み直すだけで十分であろう。ウェーバーの隠されたもう一つの顔を念頭に置きながら主要な政治体制を分析した見事な研究である。そして、形式上は高度に官僚制化したとされる中華人民共和国やソヴィエト連邦でも、表向きは経営者的規律が重要とされるアメリカ合衆国に負けず劣らず人格的な要素が重視されており、人による人の支配が中心にあることを明らかにした(2)。

鏡に映った姿があまりにも鮮明すぎると、かえって鏡の奥にある本当の姿を見つけるのがむずかしくなる。私たちは法治国家の原則に従うべしという前提で現実を分類するのに慣れっこになっているので、法ではなく人が動かす政府が圧倒的に多いという現実を目の当たりにするたびに、訳がわからなくなってしまう。世界のメディアにひしめく「人格化された大統領《パーソナル・プレジデント》」(アメリカの政治学者セオドア・ローウィの著書のタイトル)を前にして、私たちは彼らが無制限の責任を担う指導者でありながら、その唯一の政治的弱点が身体にあったと知って驚くのである。レーガン大統領のように、顔のどんな皺でも伸ばせるよう訓練した「コミュニケーションの達人《グレート・コミュニケーター》」が大統領選を戦い、クリントン大統領のように「大統領執務室《オーヴァル・オフィス》」での情事の痕跡が司法当局によって徹底的に捜査されたことも、大統領の身体がいかに重要な意味を持っているかを示していた。

人格的な権力《パーソナル・パワー》は重要性を増すばかりか拡大しているのに、まだ公の議論の場ではタブーとなっている。だが、もうそれは、誰もが言っていることなのである。ただし、そこには重大な誤解がある。この現象は前近代の遺物なのだから、伝統的なカテゴリーを使えば分析できると思い込んでいるのである。すなわち、この現象を過去への回帰ないし退行と考えている。人格的な権力とは何かをしっかりと考える前に、そう判断してしまっている。しかも、人格的な権力との戦いまで始めているのだ。人格的な権力が人々のあいだで台頭すればするほど、資産を増やしたり制度への影響力を強めれば強めるほど、人々の知的パラダイムはますます狭量となる。そうして厄介者扱いしてしまうのである。私たちには、現代世界における権力の変貌を解明して受け容れるだけの心の準備が、まだまったくないといってよい。自由民主主義体制によって確立された集合的権力という遺産を、人格的な権力が横取りし蚕食する過程を理解するには、まだまだ時間がかかるといえよう。

それには、もう一つの理由がある。モーツァルトの歌劇『ドン・ジョヴァンニ』になぞらえて説明しよう。第二幕でドン・ジョヴァンニは、不敵にも自分が殺した騎士長の石像を夕食に招待する。そして、この「石の招待客」に手をつかまれて、肉欲の限りを尽くしたさしものドン・ジョヴァンニも地獄へと堕ちて行く。それと同じように、不埒で放縦な人格化した権力も、「石の招待客」によって地獄ならぬ「沈黙のスパイラル」に引きずりこまれてしまうのである。それでは、ここでいう「石の招待客」とは何か。それは、私たちの心の中に潜む「肉体の抑圧」である。そのせいで、現代世界を支配する権力者といえども、物理的で物質的な肉体を持つ生きた人間であるという当たり前の事実を、あらためて公の議論の場で論じることが、とてつもなくむずかしくなっているのだ。その一方で、どこにでも出没する指導者のメディア的身体によって、私たちのコミュニケーション空間が日常的に「植民地化」されているという自覚だけはある。それまで緞帳の陰に隠されてきた政治家の私的身体が、なぜ突如として表舞台に現れたり、大衆の面前に戻ったりするのか、それについて専門家はすでにきわめて精密な分析をしている。たとえばイタリアの政治学者ジョヴァンニ・サルトーリは、先駆的ともいえる一九九九年の著作『ホモ・ウィーデンス』で、こうした突然変異を「ホモ・サピエンス」(知恵のある人間)から「ホモ・ウィーデンス」(視覚だけの人間)への移行と説明した。ところが、専門家にはこの種の現象を「劇場政治」の枠組みでしか捉えようとしない傾向があり、またそれが強すぎるのである。指導者の身体の復活をメディアの回路の変化だけで説明してしまうと、指導者の身体は制度の次元とは無関係に復活しうるものとなる。だが、それは大間違いである。制度こそは、昔から指導者の身体にとってなくてはならない砦であり、安心して自己防衛と自己再生産に勤しむことができる居場所だった。サルトーリのような専門家は、権力についてのある種の二元論に対してならば、まだ抵抗できるという幻想を抱いている。制度的な権力と切り離して、人格的な権力だけと戦うのならまだ勝てると思い込んでいるからである。

ところがパーソナル・パーティという現象は、政党という政治階級の選抜と合意の再生産のための最も長続きした最も堅固な仕組みが、突如あっというまに、復活した政治の人格化の論理と結びつく可能性のあることを示していた。そればかりか、他の公的な諸制度を乗っ取るための突破口まで開いたのである。

こうした状況でも、ウェーバーの権力類型論はまだ有効性を失っていないように思われる。その長所は、権力の三類型の境界線を明確に区別することにあった。それぞれの権力類型の時空間を、相互に交わらない別々のものと考えたのである。しかし、三千年紀の黎明とともに現れた人格的な権力の新しさは、家産的資源やカリスマ的資源を制度的な権力と融合する能力にあった。それは、官僚制的合理性が生まれた頃には想像もできなかったマス・コミュニケーションの発達によって可能となった。いうまでもなく、新しい政治文化の社会化にとって基本的な道具となったのは、マス・コミュニケーションであった。それとともに、人格的な権力が成立したのは、先進民主主義工業国に世俗化をもたらした価値やイデオロギー体系の危機のせいだったことも忘れてはならない。人格的な権力が復活したために、私たちは今「ポリス」の新たな上陸地点を求める深い衝動に駆り立てられているところなのである。

注

（1）　A. O. Hirshman, *Ascesa e declino dell'economia dello sviluppo*, Rosenberg & Sellier, Torino 1983.

（2）　G. Roth, *Potere personale e clientelismo*, Einaudi, Torino 1990.

解題──政治の人格化をめぐって

村上信一郎

鉄の檻

マックス・ウェーバーは、一九〇四─五年に雑誌論文として公表し、彼の死後一九二〇年に公刊された『宗教社会学論集』に収められた『プロテスタンティズムの倫理と資本主義の精神』の最後のところで、次のように述べている。

近代的な合理主義的秩序は、禁欲主義が修道院の僧坊から日常生活のなかに移されて、世俗内道徳を支配し始めたことから生まれた。そして、それは石炭や石油といった化石燃料の最後の一片が燃え尽きるまでは、そのなかにいやおうなく巻き込まれたすべての諸個人の生活の在り方を決定する「鋼のように堅い檻」(stahlhartes Gehäuse)(1)のような外衣となっていくであろう。

この「鋼のように堅い檻」という表現は、アメリカの社会学者タルコット・パーソンズが一九三〇年に刊行した同書の英訳で「鉄の檻」(iron cage)(2)と訳したことから、とりわけ英語圏ではこちらのほうが人口に膾炙するようになった。同書は、次の有名な一節で結ばれている。

「将来この鉄の檻の中に住むものは誰なのか。そして、この巨大な発展が終わるとき、まったく新しい預言者たちが現われるのか、あるいはかつての思想や理想の力強い復活が起こるのか、それとも――そのどちらでもなくて――一種の異常な尊大さで粉飾された機械的化石と化することになるのか、まだ誰にも分からない。それはそれとして、こうした文化発展の最後に現われる「末人たち」»letzte Menschen«にとっては、次の言葉が真理となるのではなかろうか。「精神のない専門人、心情のない享楽人。この無のもの《ニヒツ》は、人間性のかつて達したことのない段階にまですでに登りつめた、と自惚れるだろう」と。――」(3)。

こうした近代的な合理主義的秩序が、社会における組織や業務の在り方に影響を及ぼすときには、官僚制がその具体的な表現形態となった。それは人々や組織を管理運営するためのきわめて効率的で強力な手段となり、とりわけ資本主義経済のもとで市場競争と結びつくようになってからは、ひとたび確立すると、もはや後戻りのできない弾みと慣性を持った。それゆえ官僚制化(bureaucratization)という現象も、本質においては「鉄の檻」と同じことを意味すると考えられていたのである。

ウェーバーは『経済と社会』第九章「支配の社会学」において「官僚制的組織の技術的優秀性」について、こう述べている。

「官僚制化は、なかんずく専門化の原則をとおして純粋に客観的な観点から管理的機能を遂行するには、最適の可能性をもたらすものである。個々の業務はすでに専門的な訓練を受け、日々の実務をとおしてさらに専門能力を向上させつつある担当部員に割り振られる。職務の客観的《ザッハリッヒ》な遂行というのは、主として「計算可能な規則」(berechenbaren Regeln)にしたがって、「人物のいかんを問うことなく」(ohne Ansehen der Person)職務を遂行するということを意味している」[4]。

このように「人物のいかんを問うことなく」業務が遂行される最も典型的な場所は、むきだしの経済的利益の追求が許される自由な市場であった。そこでは官僚制的支配が貫徹されるために身分的「名誉」といったものまで平準化されてしまう。人格的価値や情念への執着は無意味となる。あらゆる業務の遂行が「計算可能性」に従うことによって「非人間化」されていくのである。「近代文化の特質、とくにその技術的、経済的下部構造の特質は、まさにこの結果の「計算可能性」を要求している。完全な発展を遂げた官僚制は、特殊な意味において「憎悪も贔屓もなく」(sine ira et studio)という原理の下にあるのだ。官僚制が「非人間化」(entmenschlicht)されればされるほど、また官僚制の美徳として称賛される特殊な性質とされる、愛や憎しみや一切の個人的な感情的要素、あるいは一般に計算不可能なあらゆる非合理的な感情的要素を職務の処理から排除することが、より完全に達成されればされるほど、官僚制は資本主義に好都合な特殊な特質を、ますます完全に発展させることになる」[5]。

しかし、近代的な合理主義的秩序といっても、二十一世紀に生きる私たちは二度にわたる世界戦争をとおして、すでに「非人間化」された官僚制の究極の形ともいえるホロコーストまで辿り着いてしまったのである[6]。「アウシュヴィッツ以後、詩を書くことは野蛮である」[7]という言葉が象徴的に示しているように、こうした「啓蒙の弁証法」[8]に無自覚なまま、「近代文明」を手放しで礼讃する者など、もはや誰ひとりとしていないといってよいだろう。

その一方で、大衆消費社会を実現した「工業社会」も今では大きな変容を遂げてしまい、脱工業社会《ポストインダストリアル・ソサエティ》と呼ばれるようになってすでに久しい[9]。かくして使用価値にもとづく物財の生産よりも「消費社会」における象徴的交換の構造が大きく問われることにもなった[10]。それどころか私たちの社会が「近代」を超えた「ポストモダン」の域に達しているとの見方も、すでに一九七〇年代末には現われていたのである[11]。

それではウェーバーのいう「鉄の檻」は、もはや過去の問題となってしまったのであろうか。私たちの社会はすでにポストモダンの時代に突入してしまっているので、「鉄の檻」はもう乗り越えられた問題であるといってよいのだろうか。

そうではないと思われる。イギリスの社会学者アンソニー・ギデンズがいうように、私たちは「近代の向こう側」に移行したのではなく、むしろ「近代が徹底化された段階」に生きていると考えなければならない[12]。

それをギデンズは再帰性（reflexibility）という概念によって特徴づける。「現代社会の再帰性は、社会的実践が、それ自体に関して次々と生まれてくる情報に照らし合わせながら、不断に検証され改善されていくなかで、その性格を根本から変えてしまうという事実に見出すことができる[13]」。ドイツの社会学者ウルリッヒ・ベックはさらにそれを言い換えて「工業社会というひとつの時代全体の創造的自己破壊の可能性[14]」を意味するとし、近代の徹底化がもたらした意図せぬ逆説的な帰結として「リスク社会」(Riskogesellschaft) が生じることになったとした[15]。

いずれにせよウェーバーの生きていた時代と違い、私たちにとって資本主義的な市場経済のもとでの競争や効率の追求もすでに日常生活のなかに織り込まれてしまった現象であり、合理主義的な原則や官僚制化といったところで、もはやそれらを特殊な現象として自覚的に対象化することすら困難となっている。それどころか合理主義的な原則や官僚制化は普遍的な組織原理となって、毛細血管を流れる血液のように私たちの社会生活の隅々にまで浸透しているといってもよいだろう。その意味においてウェーバーのいう「鉄の檻」は、すでに完璧なまでに私たちの社会や生活を覆い尽くしているということができるのである。

それなのに、どうして今なお国家や社会の諸制度や諸組織は同質性の度合いを強めつつあり、どれもこれも似たようなものとなっていくのであろうか。競争がなくても、また必ずしも効率が求められているわけでないのに、さまざまな制度や組織の構造は同じようなものに向かって変化していくが、それはなぜなのか。社会学的な新制度論の一つである「同型化」論 (isomorphism) は、そのような問いから出発して、「模倣的同型化」(mimetic isomorphism) という興味深いパターンを導きだしていった。すでに合理化と官僚制化が完了し「鉄の檻」が完成した後に現われてきた組織原理は、なんと模倣だというのである (ただし法律などによる強制や社会からの規範がなければ、という条件が付くが[16])。

こうした組織原理は「精神なき専門人、心情なき享楽人」が当たり前のものとなった私たちの時代精神とみごとに合致するものといえよう。ウェーバーが二十世紀の初頭のアメリカ合衆国の状況について述べた次の言葉は、今やどこにでもみられるありふれた光景となっているからである。「営利活動は宗教的・倫理的な意味を取り去られていて、今では純粋な競争の感情に結びつく傾向があり、その結果、スポーツの性格をおびることさえ稀ではない」[17]。このようにウェーバーの「鉄の檻」をめぐる予言の指し示す最も不吉な事態が、私たちの社会ではもはや後戻りできない形で現実のものとなっているのである。

しかし、ここで少し立ち止まって考えてみるならば、以上のような「鉄の檻」をめぐる議論をすべて考慮に入れたとしても、次の疑問が残っていることに気づかざるをえない。すなわち、私たちの社会は、はたして合理化され官僚化されていくことにより、ほんとうに「計算可能な規則」にしたがって「人物のいかんを問うことなしに」職務が遂行されるような社会になったといえるのであろうか。私たちの高度に合理化され官僚化された制度や組織における人間関係から「憎しみや一切の個人的な感情的要素」や「計算不可能なあらゆる非合理的な感情的要素」を取り除くことに成功したと果たしていえるのであろうか。いいかえると、官僚制的な組織は完全になればなるほど「非人間化」されていくという命題は、ほんとうに正しいといえるのであろうか。

ノモスの綻び

とりわけ政治の世界に目を向けるとき、こうした疑問はいっそう大きく膨らむ。イタリアの政治哲学者ノルベルト・ボッビオがいうように、私たちは、権力を法に従属させるとともに、「法による統治」（法治）を「人による統治」（人治）に優越させることを、近代立憲体制の基本原則としてきた[18]。こうした基本原則は、フランス革命を分水嶺として、権力が形式的な合理化の過程に組み込まれていくことにより、官僚制的な形で組織化されていった民主主義国家のうちに一つの安定した存在様式を見出すことになった。その結果「ノモス」（nomos）すなわち「法による統治」の勝利が確立したのである[19]。

皮肉なことに、ここで、私たちはあらためて、ウェーバーの「鉄の檻」を議論するなかで、すでに俎上に載せた合理化と官僚制化の問題と向き合わざるをえないことになる。というのも近代立憲体制が実現するうえで最も重要な原則の一つとなったのが「官僚制的合理性」（bureaucratic rationality）に他ならなかったからである。これは合理主義（rationality）と法治主義（legality）が融合して生まれたものであった。だから「合法的‐合理的権力」（legal-rational power）の成立と言い換えることもできた。その積極的な意味を、ウェーバーは次のように説明する。すなわち、命令を「非人格化」することによって、かつてのような「人による統治」であれば必然的に伴っていた命令の恣意性や予測不可能性を政治支配の領域から最大限取り除くことを可能としたのである、と[20]。

このようにして合法的‐合理的権力は、統治者のみならず支配の対象となる被治者からも広範な「正統性」を調達することに成功した。いいかえると「普遍主義的な正統性」（universalistic legitimacy）を獲得したのである。

他方、合法的－合理的権力は、その原則が徹底的に貫かれていくならば、いずれは政治支配の領域を、一切の恣意性を排除した一連の形式的な行政管理「手続き」の仕組みからなる、一種の自動制御機構に変えてしまうかもしれないと考えられるようになった。もしそんなことが実現するならば、それは権力の廃絶を意味していた。合法的－合理的権力は、たんなる「ノモス」の確立にとどまることなく、それを超えた「エウノミア」（eunomia）すなわち「善き秩序＝善政」（古代ギリシアの改革者ソロンの言葉）というユートピアの夢を実現するための原動力であるとさえ見られていたのである。[21]

かくして官僚制的合理性にもとづく合法的－合理的権力は、国家や社会の諸制度や私たちの日常生活をたんに統制するだけではなく、それらを近代化し、さらには民主化していくための不可欠の条件と考えられるようになった。官僚制的合理性にもとづく恣意性を排除した「非人格的な」権力の確立こそは、社会契約にもとづく人民主権が確立した近代国家において、すべての市民に法の前の平等や基本的人権を普遍主義的な形で保障するための前提条件であり、それは歴史的にみても必然的かつ不可逆的な趨勢と見なされていたのである。

いうまでもなく官僚制的合理性にもとづく合法的－合理的権力は、一つの重大なパラドックスを孕んでいた。ミシェル・フーコーのいう「規律権力」（pouvoir disciplinaire）の問題である。[22] 近代国家の統治機構は、トーマス・ホッブズが『レヴァイアサン』で示した絶対主義王権のような可視化された外形的な禁止する権力によって統御されているのではなく、むしろ個々の市民が規律権力を内面化し自己規律をもつ主体となることによって、統一的な中心（国家主権）がなくても主体間の力学的ネットワークをとおして自己再生産されていくという。[23] こうして国家なき社会統制が成立するというのである。[24] フーコーは、さらに人間の性行動をめぐる言説の歴史を分析し、「生－政治」（bio-politique）が権力の問題を考えるうえでもきわめて重要な意味を持つことを明らかにしていく。だが、もうこれ以上深入りしないことにしよう。[25]

そこで、話を元に戻すと、官僚制的合理性にもとづいて成立した合法的－合理的権力は、現代の立憲制的・民主主義的「法治国家」において、今なお支配的な構成原理としての効力を持ちつづけていることは否定しがたい事実である。その限りにおいては「ノモス」（法による統治）はまだ健在であるといってもよいだろう。ただし、その法による統治の限界についても、もはや無自覚ではおれない段階に達していたのではあるが。[26]

ところが、いったん実際の具体的な政治体制に目を移すならば、中立的で抽象的な非人格化された合法的－合理的権力を特徴とする立憲制的法治国家が、じつはいかに少数の例外的な形態であったかに気づかざるをえない。二十世紀の世界では、民主主義体制の国よりも全体主義体制や権威主義体制の国の方が、はるかに数が多かった。[27] ムッソリーニやヒトラーやスターリンの個人独裁にもとづく一党独裁体制を想い起こすだけで十分であろう。第二次大戦後においても、すべての社会主義ないし共産主義国家はプロレタリアート独裁や人民民主主義の名の下に一党独裁体制を敷いていた。また新たに独立を獲得したアジア・アフリカの新興国のほとんどは、ナショナリズムの名の下に個人独裁国家となっていった。いずれにせよ恣意性や予測不可能性が取り除かれたとはとてもいいがたい政治体制が長きにわたり存続し続けたのである。

それとともに、ここではもう一つ別の問題を指摘しておかなければならない。それは現代の立憲制的・民主主義的法治国家においても、合法的–合理的権力を具体的でミクロ的な政治過程の内部から蝕んでいくような現象が、数多く見出されることである。ボッビオは、すでに一九八〇年代の半ばにおいて「不可視の権力」(potere invisibile)や「隠された統治権力」(criptogoverno)の存在を指摘し、「法による統治」という一般的で抽象的な規範の枠を越えたところで、人格的な紐帯と共謀にもとづく「事実上の権力」(de facto potere)がますます大きな影響力を獲得しつつあることに強く警鐘を鳴らしていた。[28] 民主主義の名のもとで官僚制的合理性にもとづく合法的–合理的権力が手続きや形式を確立していく一方、「実効的な権力」(effective power)は人格的な関係によって結合した閉鎖的な不可視の寡頭制によって事実上支配されてしまうという矛盾した現象が生じたのである。「ノモス」(法による統治)が拡大するにつれて、かえってその綻びは大きくなっていったといえよう。

ところで、このような人格的な結合にもとづく支配構造は、比較政治学ないし政治文化論の観点から、古代ローマにおける庇護者(パトローヌス)と庇護民(クリエンス)のあいだで取り交わされる互酬的(親分–子分的)な庇護–臣従関係に元型をもつとされる、縁故主義(clientelism)

という概念を用いることによって分析されてきた。(29)

もともとは未開地域の地域共同体を観察対象とした文化人類学的概念であり、先進的な西欧「市民社会」の高みに立って後進社会を蝕む前近代的遺制としての縁故主義を剔抉しようとする性格を持っていた。それゆえ近代主義的なバイアスを強く帯びた概念だった。イタリアではこの国の「市民文化《シヴィック・カルチャー》」(30)の欠如ないし未発達を説明するには不可欠の概念となり、とりわけイタリア南部を蝕む病理現象の主要な原因と考えられてきた。だがいまやこうした人的結合関係は、よりいっそう拡散された形態をとるものの、いわゆる欧米先進市民社会においても広く認められる現象であり、もはや後進社会に限られた前近代的遺制とはいえなくなってしまった。そうした事実を踏まえた概念の再構築が喫緊の課題といえよう。(31)

世論調査支配

人格的結合関係の優越は、現代の私たちにとっては、「不可視の権力」や「隠された統治権力」という非公式の権力次元のみならず、むしろ制度化された公式的な権力次元において顕著な現象ということができる。生身の人格をもつ指導者に対する期待は、高まりこそすれ弱まる気配はない。ことあるごとに我が国で提起される首相公選論がその一例である。(32)まるで政治的閉塞感を打破する万能の鍵があるかのように唱え続けられている。

それを可能としたのはテレビを中心とするマスメディアの発達であることは言を俟たない。そこから新聞やラジオの時代とは異なる新しいタイプの公衆が生まれ、イタリアの政治学者ジョヴァンニ・サルトーリのいう「視覚型人間」(homo videns) が有権者大衆の多数派を占めるようになった。[33] その結果、たとえ仮想現実《ヴァーチャル》的であれ自分と直《じか》に触れるような触覚的《タンジブル》な一体感を与えるとともに、自分自身を直接的に代表する可視的指導者が求められていくことになる。そのため、本来、政治指導者は非人格化された一般的で抽象的な合法的‐合理的権力を代表する制度的権力であったにもかかわらず、そうした制度化された権力をあらためて「人格化」(personalize) する必要が生じるようになる。アメリカの社会学者ジョージ・リッツァの言葉を用いるならば「脱魔術化」された権力を「再魔術化」すると言い換えてもよいだろう。[34] ただ、それを可能にしたのが近代的テクノロジーの発達がもたらしたマスメディアであるということを忘れてはならない。

アメリカの文化人類学者クリフォード・ギアーツが十九世紀のバリに数多く存在した小王国(ヌガラ) を研究することにより「劇場国家」(theatre state) という概念を生みだしたのは一九八〇年のことである。そこには専制君主もいなければ官僚制や政府もない。だが儀礼的祭礼がまるで劇場の如く組織されることにより、そこでは権力的支配がなくても社会統合機能は満たされている。[35]「劇場国家」とはある種のユートピアに他ならない。

しかし「劇場政治」は、それとはまったく異なる文脈で用いられる言葉となった。我が国では二〇〇五年に郵政民営化を争点に解散総選挙に打って出て大勝利を収めた小泉純一郎の政治手法を指し示す言葉として人口に膾炙した。それでは政治を劇場化しスペクタクルにするとは、どういうことなのであろうか。

ここでは「世論調査支配」という概念を用いてこの問題を考えてみたい。本書の著者であるイタリアの政治学者マウロ・カリーゼは、世論調査(sondaggio)を意味するイタリア語から世論調査支配(sondocrazia)という概念を編み出した。[36] 世論調査とはある種の人気投票である。したがって「人気投票による専制」と言い換えてもよいだろう。

ところで、アメリカのジャーナリストにして政治理論家ウォルター・リップマンは『世論』において、人間の行動と現実の環境のあいだには頭の中のイメージ(擬似環境)が介在しており、そのイメージはある種の固定観念によって形成されるとし、それを「ステレオタイプ」と名づけた。ステレオタイプが固定してしまうと、人々はそれに合致するような事実にしか関心を向けなくなり、たとえそれと矛盾する客観的事実を提示しても、その事実を受け容れようとしなくなるとした。[37] それまで「公衆」(the Public)とは、高い教養と公共精神の持ち主であり、合理的な価値判断にもとづく主体的な社会参加を実践する完璧な市民であると考えられてきた。だが普通選挙権の導入によって非合理的で情緒的な有権者大衆が政治参加を果たした一方、工業化や都市化にともなって複雑で多様な大衆社会が成立すると、労働や余暇の在り方も大きく変化して政治的関心や社会参加も低下し、もはや従来の意味における「公衆」は消滅し、今や「幻の公衆」(phantom public)となってしまった。このようにリップマンはいちじるしく悲観的な民主主義社会像を抱いていた。[38]

いうまでもなくテレビはステレオタイプを創りだす最も有力な装置である。しかも人気や知名度は世論調査や視聴率によって数値化された形で表わされる。だがテレビの前の公衆はリップマンの想定したような同質的な個人からなる一塊《ひとかたまり》のマス（大衆）ではない。じつは無数のトランザクションをとおして、その瞬間ごとに態度表明を行う多種多様な姿をもつ複数の主体なのである。このように個々の行為者がときには参加しないような場合でも成立しうるような「第三者の総体」を、プラグマティズムの哲学者ジョン・デューイは「公衆」と定義する。リップマンのように、政治の傍観者として統治者に服従ないし不服従の態度表明をするだけの存在[39]とは考えない。むしろ公共の財産としての **res publica**、また共通の利益で結ばれた **common- wealth** を構成する **populus** だとして積極的で能動的な意味を見出そうとする。[40]この点については、情報に対する公衆の受動性を強調するのではなく、主体的で能動的な解読（**de-coding**）の可能性を強調することで、ポピュラー・カルチャーの分析に先鞭をつけたスチュアート・ホールの議論と共通するところがあるように思われる。[41]

世論調査で自らの選好を表明する有権者を、ステレオタイプに囚われた劇場政治のたんなる受動的な観客にすぎないと、先験的に断定してしまうことはできない。ステレオタイプ論にもとづき、有権者を一義的に「衆愚政治」（**ochlocracy**）の担い手と見なすような大衆蔑視には、往々にして自らの立場に無自覚かつ無責任なエリート主義的バイアスが潜んでいるからである。リップマンの発想をより完全な形で定式化したのが、オーストリア出身の著名な経済学者ジョゼフ・シュンペーターであった。彼によると、「人民の役割は政府を生みだすことにある。（…）民主主義方法とは、政治的決定に到達するための制度的取り決めなのであり、そこにおいて、諸個人は人民からの投票を求める競争的闘争という手段によって決定権力を獲得するのである[42]」。

ここでいう諸個人とは政治家を指す。選挙における政治的争点を決定したり、選挙に勝って政権に就いてから政治的決定を行うのは政治家の役割である。市民の役割は選挙のときに競いあう政治家たちから選抜することだけだとする。それゆえ民主主義とはたんに政府を選び権威づけるメカニズムにすぎず、それ自体に理念的価値などない。それにもかかわらず市民たちは選挙で政府を取り換える能力を持つがゆえに、専制政治に陥ることからは護られる。

シュンペーターは民主主義のメカニズムを市場になぞらえた。政治家は政治市場で政策を掲げて競争する企業家であり、そのなかからどの政治家を選択するかを決める有権者は消費者であった。たしかに有権者には選択の自由があった。だが、政治的な決定過程からは排除されてしまった。それは政治エリートの専決事項とされたからである。

こうして受動的な傍観者にまで貶められた有権者が消費者の主権を最大限行使しうる機会は選挙だけとなった。マスメディアが発達するにつれて、世論調査がそれに付け加わった。有権者は選挙だけではなく世論調査（人気投票）によって政治家を持ちあげることも引きずり下ろすこともできる横暴な専制君主となった。貴族主義的観点から徹底して大衆を蔑視したフリードリヒ・ニーチェならば、それは奴隷道徳に他ならず、ルサンティマンと呼んだであろう。「本来の

《反動《レアクション》》、すなわち行動上のそれが禁じられているので、単に想像上の復讐によってのみその埋め合わせをつけようとしている」からである。(43) いずれにせよ世論調査支配は、有権者を政治的意思表示や政治決定過程から排除して受動的な傍観者と位置づける没価値的な手続き的民主主義観、すなわち政治市場論や有権者消費者論から派生したメカニズムだった。

臣民の文化

ボッビオは、リップマンやシュンペーターとは異なり、健全な民主主義のもとにある市民社会では、選挙権は有権者の主権の維持には不可欠の条件であり、選挙権の行使をとおして市民教育はなされるとした。だが、棄権の増大や政治的無関心や政治的シニシズムの蔓延によって、市民教育は明らかに形骸化してしまった。その結果、市民は政治に対して何ができるのかという政治の「入力」(in-put)には関心を失い、政治からどんな利益が引き出せるかという「出力」(out-put)にしか関心を示そうとしなくなる。いいかえると「市民の文化」が「臣民の文化」(cultura dei sudditi)に退行してしまうのではないかと危惧したのである。(44)

周知のごとく、ウォルター・バジョットは一八六七年に著した『イギリス憲政論』でイギリスの国制(constitution)を、君主と貴族院からなる「威厳をもつ部分」(dignifide parts)と「機能する部分」(efficient parts)に分けた。なぜ「威厳をもつ部分」が必要なのか。それが「演劇的な要素」(theatrical elements)を持つからだ。そして、「ひときわガラの悪い連中」(ruder sort of men)

すなわち教養のない庶民に国制への「尊敬の念」を呼び起こす、最もかんたんな方法だからである。[45]

「きわめて貧しく無知な諸階級はとても興奮しやすく、そうなると道を誤りやすい。ところが女王が治めていると本気で信じている。ただでさえ難しい〝君臨〟と〝統治〟の違いなど彼らには分かるわけがない。(…)彼らは、実際には内閣や議会によって、ということは自分たちの選んだ、自分たちと同じ人間によって統治されているのに、神の恩寵を受けた万世一系の君主によって統治されていると空想している。目に見える威厳が尊敬の念を呼び起こす。そして威厳などほとんどない人物が、これを利用して統治する機会をつかむのである[46]」。

そして次のようにいう。「イギリス国民の見かけの上での支配者は華麗な行列のなかでいちばん目立つ人物に似ている。群衆は彼らに感動し、見物人は彼らに喝采を送る。ところが真の支配者は後に続く馬車のなかに隠れている。誰もこれに気づかず、気にもとめない。しかし人は、真の支配者を先導し、その光を奪っている者の華やかさに目を奪われて、盲目的かつ無意識的に、真の支配者に服従しているのである[47]」。

このような論理によってバジョットは立憲君主制を擁護した。ところが「世襲王朝にはすぐに精神虚弱者が生まれてくるのを見ると、残念ながら、君主は劣等な能力をもつ人物であると予想せざるをえない」といったり、「皇太子の教育は貧弱なものであり、一般的にみて王室の能力はふつうの家庭以下である」といったように、君主の能力やカリスマには微塵の幻想も抱いていな

かった。(48)

それどころか、貧しい庶民はおろか、高い知性をもつとされる人々でさえも、ふだんは「退屈な伝統的慣習」(dull traditional rule) に従って生きているにすぎず、「能動的な自由意志」にもとづいて行動することなどめったにないと考えていた。「専制的な権力」を持つに至った中産階級も、たいした教養もない姑息な小物ばかりで、ほんとうは「頭の働きの悪い階級」(heavy sebsible class) でしかない。そして、次のようにいう。

「実際のところイギリス国民の大多数は支配者を尊敬するというよりも、むしろそれとは別の何かに敬意を抱いている。いわば社会の演劇的見世物 (theatrical show) に敬意を表しているのである」。(49)

このようにバジョットは、「財産と教養」(property and inteligence) を誇りとする中産階級が必ずしも国制の仕組みを熟知しているわけではなく、じつは貧しい無知な下層階級と同じように「演劇的要素」がなければ国制が理解できないとした。バジョットは、イギリスには「市民の文化」は存在せず、そこにあるのは「臣民の文化」でしかないことを、はっきりと見抜いていた。「演劇的要素」にもとづく「虚構」への「敬意」(deference) がなければ、この国の政治は成り立たないと見ていたのである。

バジョットが、ほぼ一世紀後にアメリカの政治学者マーレー・エーデルマンがいったのと同じような意味において、政治を象徴形式と見なしていたことは明らかであった。事実、エーデルマンは次のように述べている。

「選挙は人々に不満や情熱を表現し、ひいては自分たちも政治に参加しているという感覚を味わう機会を与える。だがそれは儀礼的行為への参加にすぎず、政策形成への参加としてはほとんど意味をなさない」。

「もし、こうした手段がなければ、いかなる政治制度も生き延びることはできないし、その成員がこれを支持したり、これに黙って服従することはありえない。しかし、ここで重要なことは、選挙をとおして政府の政策を人民が直接的に支配しているという一般的信念がみんなから疑われることになれば、こうした決定的に重要な社会的機能を選挙は果たせなくなるということである」(50)。

エーデルマンによれば選挙は政治体制に対する人民の「黙従」(acquiescence)を調達するための儀礼的行為にすぎず、人民が選挙によって政府を支配していると考えるのも思い込みでしかなく、自分の投票に合理的な根拠があると有権者が考えるのもそんな印象を抱いているだけのことである。人民が自分の選んだ政府の政策決定から得られるのは、「てごたえのある利益」(tangible benefits)ではなく、たいていは「象徴的な安心感」(symbolic reassurance)にすぎない。

エーデルマンのいう「黙従」とバジョットのいう「敬意」はじつは同じことを意味していた。黙従や敬意にもとづく政治体制への同意は、象徴的形式をもつ儀礼的行為や演劇的見世物の受動的な客体となることから生まれると考えていたからである。彼らは市民の合理的な判断力や能動的な主体性よりも、非合理的で情緒的な性格や受動性を強調したばかりか、むしろそれなしでは政治は成立しないと考えたのである。エーデルマンは、バジョットの議論をはるかに越えて、「憲法（＝政治体制 political constitution）は、起源においても現実の効力においても、きわめて非合理的なものである」と考えていた。[51]官僚制的合理性にもとづく非人格化された合法的－合理的権力が不可避の運命として現代社会を支配するというウェーバーの認識とは正反対の考え方が、そこには示されていたのである。

カリスマなき人格主義

官僚制的合理性にもとづく合法的－合理的権力は、それ以外のあらゆる権力形態、すなわち家父長制的、家産的、名望家的な権力形態とどこが違うのか。それは、その非人格的な性格にあった。では、カリスマ的権力は、それ以外の権力形態とどこが違うのか。それは、その非日常的な性格にあった。こう考えてウェーバーは、人格的非人格的という軸と日常的－非日常的という軸を立てることによって、三つの権力形態を類型化した。

「合法的な権力の場合には、服従は合法的に樹立された非人格的な秩序に根拠をもつものとなる。また、そうした秩序のもとでは、その命令の形式的合法性により、その職務権限の範囲内においてのみ、その権力を行使する人々にも服従は及ぶものとなる」。

「伝統的な権力の場合には、服従は伝統的に承認された権力的な地位を占め（その範囲内において）伝統に拘束された指導者の〝人格〟に根拠をもつものとなる。しかし服従の義務は、慣習化された義務の範囲内での人格的忠誠に止まる」。「カリスマ的権力の場合には、その啓示、その英雄的行為、その模範的資質が個々人の抱くカリスマとしての信念に合致する限りにおいて、それを人格的に信じることからカリスマ的な資質を持つとされる指導者への服従が生じる」[52]。

それゆえカリスマ的権力は、すぐれて人格的で非日常的なものであり、純粋な形態をとる限りは革命的な性格をもつとされていた。また、合理的権力や官僚制権力や伝統的権力といったあらゆる日常的な権力形態と鋭く対立すると考えられていた。あらゆる規則とは無縁であるという意味で、非合理的であり、経済に対する配慮とも無縁であった[53]。

それゆえカリスマ的指導者の命令に対して、人々は法制度的な地位や伝統的な権威あるいは常識的な論理を超越したところで、人格的に帰依しようとした。カリスマ的指導者の命令に従う者にとっては、もはやいかなる法や慣習といえども服従する必要がなくなった。たとえ間違ったことを指導者が言ったとしても、その人が言ったのだから正しいとされた。したがって自己犠牲と献身こそがカリスマ的指導者に従う者の最大の徳となる。こうしてカリスマ的指導者と追随者とのあいだには情緒的形態を伴う共同体的な関係が生まれた[54]。

ところで、ウェーバー『プロテスタンティズムの倫理と資本主義の精神』の終幕にある「文化発展の最後に現われる末人たち（letzte Menschen）」が、ニーチェの『ツァラトゥストラはこう語った』の冒頭の一節「見よ、わたしはきみたちに最後の人間を示す[55]」からの引用であることは、よく知られている。ニーチェは、キリスト教を奴隷道徳と呼んで人類の頽廃の起源をそこに求めただけではなく、「神は死んだ」と宣告し、それによってもたらされたニヒリズムの暗黒の闇のなかから「超人」が復活するであろうと述べていた。

したがって、ニーチェの言葉を引いたことからも、ウェーバーが近代合理主義のもたらした進歩を手放しで礼賛する単純な近代主義者などでなく、プロテスタンティズムの倫理を内面化した素朴なキリスト教徒でもないことは明白であった。それは彼が最晩年に行った講演の記録である『職業としての学問』の次のような一節を読むならば一目瞭然である。

「彼［ミル］はいう、もし純粋な経験から出発するなら、人は多神論に到達するであろう、と。このいい方はあまりにも平板でしかも逆説的に聞えるであろう。だが、それは真理を語っているのである。すなわち、われわれはこんにちふたたびつぎのような認識に到達している。（…）あるものは善ではないが美しくありうるというだけではなく、むしろそれが善でないというまさにその点で美しくありうる。このことはニーチェ以来知られており、またボードレールが『悪の華』と名づけた詩集のうちにも示されている」。

「いな、それが真でありうるのはむしろそれが美しくも、神聖でも、また善でもないからこそであるということ、——それはこんにちむしろ常識に属する。だが、これらは、こうした価値秩序の神々の争いのなかでももっとも単純なばあいにすぎない。（…）そして、これらの神々を支配し、かれらの争いに決着をつけるものは運命であって、けっして「学問」ではない。学問が把握しうるのは、それぞれの秩序にとって、あるいはそれぞれの秩序において、神に当たるものはなんであるかということだけである[56]」。

だからといってウェーバーを完全なニーチェリアンと言い切ることはできない。たとえばウェーバーは『世界宗教の経済倫理』の序論で、宗教は抑圧された下層階級のルサンティマンに起源をもつというニーチェの考えを、心理学的には意義のある発見としながらも、宗教がもつ社会倫理的な射程まで考慮に入れるならば、ほとんど意味がないと切り捨てているからである。宗教倫理における苦難（Leiden）からの救済をめぐる教義すなわち「苦難の神義論」（Theodizee des Leidens）には、たしかにルサンティマンによって説明できるものもある。だが世界の諸宗教の多くは、キリスト教などと違って「此岸的な」救済を約束するものであり、それだけでは説明できないとしていた[57]。

ただ、妻のマリアンネ・ウェーバーが著した伝記の「拡張」と題された第十一章からも分かるように[58]、『プロテスタンティズムの倫理と資本主義の精神』を雑誌論文として公表した一九〇四―五年と『世界宗教の経済倫理』の序論を公表した一九一五年とのあいだに、ウェーバーの思想が彼自身の人生にとっても実存的な意味を持つような形で、大きく方向転換を遂げていたことを忘れるわけにはいかない。

そのころウェーバーの前に、精神分析の創始者ジークムント・フロイトの弟子の一人であったオットー・グロースがミュンヘンで始めたアナーキーで疑似宗教的な性愛解放運動に深く影響されたばかりか、すでに人妻でありながらグロースとも性愛関係を結び、ともに彼の子を宿すことになるリヒトホーフェン男爵家の姉妹エルゼとフリーダが登場する。そして不思議な因縁としかいいようのない形で、ウェーバーと『チャタレー夫人の恋人』で知られるイギリスの作家D・H・ロレンスを結びつけるのである。妹のフリーダ・リヒトホーフェンは言語学者のイギリス人大学教授アーネスト・ウィークリーと結婚し一男二女をもうけていたが、ロレンスと駆け落ちをする。他方、ハイデルベルク大学でウェーバーの指導を受けて社会学の博士号を取得したのち工場調査官という高い官職に任命されるという経歴を持つエルゼは、裕福な大学教授エドガー・ヤッフェの妻となり子供もいながら、グロースとも関係を持ち、一九一〇年ごろには恩師のウェーバーとヴェネツィアで愛人関係に陥ったという（その後エルゼはマックス・ウェーバーの弟のアルフレートと同棲する）(59)。

この事実について、政治史家・今野元の膨大な一次史料を渉猟した決定版と銘打つ浩瀚な伝記『マックス・ヴェーバー』では、「ヴェーバーの愛人となった門下生エルゼ・ヤッフェが、父方の祖母からポーランドの血を引いていたことも影響していたのかもしれない」という、それとはまったく関係のない文脈のなかでしか触れられていない(60)。それと比べるならば、ウェーバーの「偽善」（性衝動への妥協）に着目し、そこに決定的な思想的転回の契機を見出そうとする宗教学者・山折哲雄のウェーバー論に圧倒的な魅力を覚えざるをえない。

山折哲雄は、基本的にはフロイトのエディプス・コンプレックス論をかなり強引な形でウェーバー論に適用しようとするアメリカの社会学者アーサー・ミッツマン『鉄の檻』[61]に則って、晩年のウェーバーは禁欲主義あるいは禁欲的合理主義から神秘主義へと「退行」したのだとする。そして、ここからは我田引水とも読めるのだが、だからこそ、かえって神秘主義が悠久の姿をとどめながら今なお息づいている「インド」の魅力に取り憑かれるようになり、『世界宗教の経済倫理』の「中間的考察──現世拒否の段階と方向に関する理論[62]」が示すように、インドの宗教のなかに性愛と深く結びついて狂躁や恍惚を肯定する「愛の無差別主義」(**Liebes-akosmismus**)や「自己神化」(**Selbst-vergöttung**)の契機を探ろうとするようになったのだという[63]。ウェーバーの宗教社会学がもつ広大な射程を想い起こすならば、きわめて説得力のある解釈だと思われる。

また、山折哲雄とはまったく別の文脈において、社会学者の山之内靖は、『経済と社会』の序論にあたる『社会学の根本概念』においてウェーバーがカリスマを「生物学的にしか把握出来ず、また、意味の解釈や動機による説明も、精々、部分的にしか出来ない過程[64]」と説明していたことを根拠に、死の直前のウェーバーはフロイトやニーチェの問題提起に合意して、カリスマ概念を転換し、ニーチェに発するディオニソス的な働きを容認したとまでいう。「それ［ディオニソス的力］は身体に源をもつ力である。このディオニソス的な力は、しかし、あらゆる文化的意味の枠組みから外れた力であり、ニーチェの言葉によれば「生成の無垢」と呼ばれるほかない力である[65]」。

ここでは、もうこれ以上、この問題には深入りしないことにしよう。ただ、ウェーバーが、今野元のいうように終始一貫した「西欧派ドイツ・ナショナリスト」であったか否かはともかく、少なくとも第一次大戦後のドイツ革命後は、それまでの議会主義的民主制的な改革構想を放棄して人民投票的指導者民主主義を主張するようになり、強力な大統領制を唱えたのは疑いもない事実だった。ドイツの政治史家ヴォルフガング・モムゼンは、早くも一九五九年の著作[66]でその事実を明らかにし、それがナチ政権を公法・政治理論において正統化したカール・シュミットの独裁論と明確な連続性を持つことを指摘していた。モムゼンによれば、ウェーバーはナショナリスティックな帝国主義者であり、「マキャヴェリスティックな権力政治の立場に立って思考し行動する決断主義者」に他ならなかったのである[67]。

ウェーバーは、「人民投票的民主制」(plebiszitäre Demokratie) を「指導者民主制」(Führer-Demokratie) の最も重要な一類型であるとし、被支配者の意思によって民主的正統性(demokratische Legitimität) が与えられたカリスマ支配であると定義していた[68]。その指導者はたしかに被支配者たちの自由意志にもとづく選挙によって承認されたが、指導者の人格に対する信頼や情緒的結合のほうが正統性の重要な根拠となっていた。ウェーバーは、こうしたカリスマ的権力を自らの人格によって体現する指導者なくしては、高次の集合的利益を視野に入れた決断が回避され、党派的な個別利益の日常的調整に終始する「頭のない民主主義」(acephalous democracy)[69] に堕落してしまうと考えていたのである。

そこで、あらためてウェーバーのカリスマ論について考えてみることにしよう。ウェーバーは、ニーチェが考えたような天賦の才ゆえに群衆から拒絶されて孤立した単独者としての「アウトサイダー」ではなく、群衆との情緒的な紐帯をとおして共同体を構築するという特異な才能をもつ「社会的創造物」としてのカリスマ的指導者を想定していた。アメリカの文化人類学者チャールズ・リンドホルムの表現を用いるならば「カリスマとは、何よりもまず、ひとつの関係、指導者と信奉者両方の内的自我が関与する相互交流なのである(70)」。

それゆえカリスマ的権力は本質的に不安定であった。たしかにカリスマ的指導者への忠誠は絶対的であり、完全な自己犠牲と献身が追随者にとって最大の義務とされていた。だがカリスマ的指導者がその証を示すことができなくなれば、またたくまに忠実な追随者からも見捨てられて、ただの人となってしまう。それゆえカリスマ的指導者には自らの人格的な力を不断に証明していく以外に正統性の源泉はない。法や制度にもとづく地位、伝統的な慣習、封建的主従関係に依拠して自らを正統化することはできない。

だが、もしそうであるなら、カリスマ権力の純粋形態はその「創成期」(in statu nascendi)にしか存在しえないはずである。過渡的で流動的な現象を永続化させることは不可能だからである。したがって、あらゆるカリスマ権力にとって、その「日常化」をどう乗り越えるのかが不可避の命題となる。カリスマにもとづく非‐日常的な人格的な権力も、いずれは伝統化ないし合理化、あるいは両者の混合した過程を辿らざるをえなくなる(71)。そうなれば、伝統的権力や合法的‐合理的権力とほとんど変わりがなくなる。

ウェーバーは人民投票的民主主義のもとでのカリスマ的権力について、ペリクレスやグラックス兄弟のような民衆指導者（デマゴーグ）を原型と考えていた。かつてデマゴーグは「言葉のカリスマ」を武器とする英雄であった。だが、これだけマスメディアが発達した現代社会において、それだけで非－日常的なカリスマを持続的に示すことは不可能に近い。したがって現代社会におけるカリスマ的指導者の創出にはメディアによる視覚化が不可欠の前提となる。アメリカの歴史家ダニエル・ブーアスティンがいう「人間的疑似イベント」(human pseudo-event) をとおして「有名性」(celebrity)[72] が得られなければ、誰一人としてその存在すら認知できないのである。だが、それはカリスマ的指導者にとって両刃の刃となる。有名性とカリスマは本来矛盾するからである。有名性は人格的なものではあるが、超自然的でもなければ非日常的でもない。むしろ、メディアのなかで創られたいくつかの既知の象徴を組み合わせて構築されたステレオタイプなのである。それゆえ視聴者や観客の既視感に訴えかけるものとして再生産されていく。また、それには象徴的な定型化や演劇的な儀礼化が不可避となる。いずれにせよカリスマが日常化されてしまう。メディアが支配する現代社会において、カリスマ的指導者は必ずや「カリスマなき人格主義」[73]に陥ってしまうのである。

人々はなぜカリスマ的指導者を信じるのか。フロイトはこういう。「大衆は怠慢で、洞察力に欠けた生き物だからだ。そして大衆は欲動を放棄したがらず、欲動を放棄する必要を議論で説得することはできない。誰もがたがいに放埓にしたい放題をするばかりである。大衆が指導者として手本とする個人の影響なしでは、大衆を労働に従事させることも、欲動を放棄させることもできない[74]」。だから、大衆は指導者に支配されることを望んでいるのである、と。

また、群衆心理を説くフランスの社会心理学者ギュスターヴ・ル・ボンはこういう。「群衆中のあらゆる人間は、指導者に従おうとする本能的要求を持つ。指導者のみが信仰を創造して、群衆に組織を与える[75]」。

リンドホルムは、フランスの社会学者エミール・デュルケムが『宗教生活の原初形態』でいうところの「集合的沸騰」(effervescence collective)[76]に依拠することで、カリスマ現象の根源には自己喪失への願望すなわち自他未分化の状態への回帰願望があると考えた。しかし、現代社会では、カリスマ現象が大規模な集団的沸騰状態をもたらすようなことは絶無とはいえないにせよ、もうほとんどないという。カリスマ現象とあまりかわりない、しかも「おだやかに飼いならされた熱狂」をもたらしてくれるような数多くの選択肢が存在するからだ。その一例が消費であり、衒示的消費(conspicuous consumption)をとおして自己顕示欲を満足させれば競争社会に生きる不快感や孤独感を癒すことができる。あるいはショッピングである。繁華街に出て商品を買うという行為は今では重要な共同体的儀礼となっており、たんなる物財の購入ではなく、たとえ著しく弱められたものではあるにせよ他者とのコミュニケーションの欲望を代替する[77]。アメリカのリーダーシップ論の研究者ジーン・リップマン・ブルーメンは『有害な指導者の誘惑』で、たとえば巨額の粉飾決算によってエンロンを破綻に追い込んだケン・レイや腐敗にまみれたシルヴィオ・ベルルスコーニ元首相のような歴然とした有害な指導者(toxic leader)に、なぜ人は進んでついていこうとするのかと問う。そして、むしろ私たちの側にそうした指導者を求める心理的な欲求があるのではないかと考える。そうした指導者を創りだしたのは私たちである。その背後には不確実な世界に生きる私たちの抱える根源的な実存的不安が潜んでいるという。[78] 現代社会が生み出したカリスマなき人格主義の問題は、そうした視点からも、あらためて考えてみければならないように思われる。

王の二つの身体

エルンスト・カントロヴィッチは一八九五年にドイツ領ポーゼン（現在のポーランドのポズナニ）に富裕なユダヤ人酒造業者の三男として生まれた中世史家である。第一次大戦に兵士として参戦し、戦後はベルリンのスパルタクス団やミュンヘンのレーテ共和国の弾圧にも加わった国粋主義者だった。一九二七年に著した愛国心に満ち溢れる処女作『皇帝フリードリヒ二世』[79]が、一部の専門家からは歴史研究ではないとの批判を浴びつつも、世間一般の名声のお陰もあって一九三二年にはフランクフルト大学の正教授に就任する。ところがナチの圧力のせいですぐに辞任を余儀なくされ、一九三八年末にはアメリカに亡命した。そしてカリフォルニア大学バークレー校を経てプリンストン大学高等研究所の教授に就任し、一九六三年には独身のまま生涯の幕を閉じた。[80]

彼は一九五七年に『王の二つの身体』という西欧中世の政治神学に関する浩瀚な研究書を公に

した。[81] これはカリスマなき人格主義の問題を考える上でも、きわめて重要な示唆を含む研究である。

カントロヴィッチは、イギリスのエリザベス一世の治世下に集大成された判例集から「王の二つの身体」(king's two bodies) という神秘的観念を抽出する。

「コモン・ロー上、王が王として遂行したいかなる行為も、王が未成年であるという理由で無効にされることはありえない。というのも、王は自らの内に二つの身体、すなわち自然的身体 (Body natural) と政治的身体 (Body politic) を有しているからである。その自然的身体は (もしこれがそれ自体において考慮されるならば) 可死的身体 (Body mortal) であり、本性上あるいは偶有的に生ずるあらゆる弱点に服し、幼児期や老齢期の虚弱さや、他の人々の自然的身体に起こるのと同様の欠陥にさらされている」。「しかし、彼の政治的身体は、目で見たり手で触れることのできない体であって、政治組織や統治機構から成り、人民を指導し、公共の福利を図るために設けられたのである。そして、この身体には、自然的身体がさらされている幼児期や老齢期は全く存在せず、他の自然的な欠陥や虚弱さも全く存在していない。そして、これゆえにこそ、王が彼の政治的身体において遂行することは、彼の自然的身体に内在するいかなる無能力によっても、無効にされたり破棄されることはないのである[82]」。

こうして、王の聖性 (sacredness) が二重化 (duplication) をとおして抽象化されることにより、王の政治的身体が自然的身体から分離されていった。王の世俗的権威（temporary authority）がその人格と切り離されたのである。王の自然的身体は死ぬ。だが、そのもう一つの身体である政治的身体は死なない。

「（政治的身体の）四肢は王の臣民たちである。（…）王と臣民たちが一緒になって団体（Corparation）を構成するのであり、王は臣民と合体し、臣民は王と合体する。王は頭であり、臣民は四肢である。そして王のみが臣民たちを統治する。この身体は他の身体と異なり、感情に動かされることなく、死に服することもない。というのも、この身体に関するかぎり、王は決して死ぬことがないからである」。

「したがって、（…）王の自然的な死は王の死（death）とは呼ばれず、王の崩御（demise）と呼ばれているのである。この言葉が意味するのは、王の政治的身体が死んだということではなく、二つの身体が分離したということ、そして、今や死に、あるいは王の威厳を離れた自然的身体から、もう一つ別の自然的身体へと政治的身体が移され運ばれていく、ということである。それゆえ崩御という言葉は、この王国の王の身体が、一つの自然的身体から別の自然的身体へと移転したことを意味するのである」(83)。

いいかえると、王の可視的な人格から分離されたその政治的身体は、王の自然的身体が持つ生物学的時間の限界を越えて生き残りつづける「不死の権力」（immortal power）と見なされており、じつはそれは国家それ自体を意味するものであった。そして王の聖性は、死を免れえない自然的身体ではなく、不死の政治的身体の転移（demise）をとおして伝達（convey）されていくと考えられていくようになったのである。

そして、王の聖性を保持するとともに死を免れた永続的な政治的身体の観念のなかから、王の人格からの明確な自律性を持つ制度組織体系としての憲法（＝国制 constitution）の観念が成立していった。また啓蒙主義や近代合理主義にもとづく普遍主義的な公共圏（public sphere）が成立する前提もたらされた。近代的な公共的諸制度は、もはや王のような一人の人間の死や無能力によって効力が左右されることのない、非人格的で合理的な無限に再生産可能な生命力をもつ官僚制組織に委ねられることになった。それがなければ合法的‐合理的権力にもとづく近代国家が成立することもなかったのである。

カントロヴィッチは、西欧世界の共同体的一体性を支えてきたものは神の受肉（incarnation）の観念に支えられたキリスト教会の存在をおいて他にないとし、その完成を見たのが西欧中世であると考えたことから、同書の副題を「中世政治神学の研究」と名づけた。

マックス・ウェーバーは、このようなキリスト教によって一体化されていたヨーロッパ世界が脱魔術化《エントツァウベルンク》されて世俗化していくなかから、近代世界が成立したと考えた。だが、カントロヴィッチは、いかに世俗化した政治的共同体であれ、キリスト教会における受肉の観念に由来する何らかの聖性と結合することなくしては、統一的かつ統合的な一体性を生みだすことはできないとした。社会的結合は諸個人のあいだの社会契約からは生みだせないと考えたのである。

周知のごとく、カール・シュミットは一九二二年に著した『政治神学』において、「主権者とは、例外状況にかんして決定をくだす者をいう」と定義した。[84] 国家は法規範によっては基礎づけることができない。国家の存在はそれが組織される以前に、法のないところから決定を下す主権者の存在を予め想定しない限り説明がつかない。主権者は、友か敵かの政治原理にもとづき国家の例外状況に対して決定を下していく。法はその後の正常化した状況において機能するものでしかない。ここでシュミットのいう主権者とは神の絶対的な超越性を世俗化したものに他ならない。ジョゼフ・ド・メーストル、ルイ・ガブリエル・ド・ボナール、ドノソ・コルテスといった十九世紀の伝統主義的にしてロマン主義的かつ反革命的で反動的なカトリック神学を、世俗化して直接的な形で二十世紀の国家論に適用しようとしたのである。[85]

「政治神学」という概念において最も重要な根拠となるのは受肉の教義であった。神秘体としてのキリスト教会にそなわる共同体的一体性を、いかにすればこの世において実現することができるのかを問うものであった。その限りにおいてカントロヴィッチとシュミットに違いはなかった。しかしシュミットは現代の権威主義的独裁国家の主権者に正統性を与えようとして、ある種実用主義的な観点から政治神学を利用した。

それに対してカントロヴィッチは、キリスト教の受肉（不死なるものと死するべきものの共存）の教義に従うならば、王の自然的身体から政治的身体が分離することは必然であり、中世末期の法学者たちの偉大な能力と甚大な努力もあってそれが精緻に理論化されていくことにより、その結果として個々の王の自然的身体から独立した非人格的な政治的身体を秩序の基盤とする近代国家が誕生していったのだとする、いわば人間解放の物語を描くために政治神学を利用した。いいかえると解放の神学への転回を図ろうとした。だからこそ「人間を中心とする王権」の表象としてダンテをその到達点においたのである。

ところで、本書の著者であるマウロ・カリーゼによると、このようにして一旦分離された「王の二つの身体」が、二十一世紀に暮らす私たちの政治の世界では、ふたたび一つの身体に引き戻されようとしている(86)。いま人々が求めているのは自然的身体をもつ人格的な「王」だからである。その一方で、王のもう一つの身体から分離された非人格的な政治的身体を秩序の基盤とする近代的諸組織は次々と否定されようとしている。なかでも現代の民主主義国家を築くうえで重要な役割を担ってきた政党、とくに大衆組織政党の凋落ぶりははなはだしい。

それでは現代の君主の自然的身体に人格的なカリスマが宿っているといえるのであろうか。否である。現代の君主はその政治的身体を否定して現われてきたために、その本質的属性であった聖性を最初から放棄しているからだ。政治的身体に秘められていた不死の生命力や無限の再生産可能性が生まれながらにして欠けているのである。その意味で現代の君主は生まれた時から裸の王さまなのである。

注

（1） Max Weber, *Die protestantische Ethik und der Geist des Kapitalismus*, Anacorda, Köln 2009, p.164〔大塚久雄訳『プロテスタンティズムの倫理と資本主義の精神』岩波書店、一九八九年、三六六頁〕.

（2） Max Weber, *The Protestant Ethic and the Spirit of Capitalism*, Routledge, London 1992, p.181.

（3） M. Weber, *Die protestatische Ethik, op. cit.*, p.165〔邦訳、三六六頁〕.

（4） Max Weber, *Wirtschaft und Gesellschaft*, Zweitausendeins, Frankfurt am Main 2010, p.718〔世良晃志郎訳『支配の社会学I』創文社、二〇〇一年、九三頁（ただし以下の訳文はすべて筆者による）〕.

（5） *Ibidem.*〔邦訳、同前〕

（6） Zygmunt Bauman, *Modernity and the Hokocaust*, Cornell University Press, Ithaca 1989〔森田典正訳『近代とホロコースト』大月書店、二〇〇六年〕.

（7） テオドール・アドルノ（渡辺祐邦・三原弟平訳）『プリズメン』筑摩書房、一九九六年、三六頁。

（8） マックス・ホルクハイマー、テオドール・アドルノ（徳永恂訳）『啓蒙の弁証法』岩波書店、二〇〇七年。

（9） Alain Touraine, *La Societé post-industrielle*, Denoël, Paris 1969〔寿里茂・西川潤訳『脱工業化の社会』河出書房新社、一九七〇年〕; Daniel Bell, *The Coming of Post-Industrial Society*, Basic Books, New York 1976〔内田忠夫訳『脱工業社会の到来　上・下』ダイヤモンド社、一九七五年〕.

（10） Jean Baudrillard, *La Societé de Consommation*, Gallimard, Paris 1970〔今村仁司・塚原史訳『消費社会の神話と構造』紀伊国屋書店、一九七九年〕.

（11） Jean-François Lyotard, *La condition postmoderne*, Minuit, Paris 1979〔小林康夫訳『ポストモダンの条件』水声社、一九八九年〕.

(12) Anthony Giddens, *The Consequences of Modernity*, Stanford University Press, Stanford 1990, p.51〔松尾精文・小幡正敏訳『近代とはいかなる時代か?』而立書房、一九九三年、七〇頁〕.

(13) A. Giddens, *op. cit.*, p.38〔邦訳、五五頁。ただし訳文は筆者による〕.

(14) Ulrich Beck, "The Reinvention of Politics: Towards a Theory of Reflexive Modernization," Ulrich Beck, Anthony Giddens & Scott Lash, *Reflexive Modernization*, Stanford University Press, Stanford 1994, p.2〔松尾精文・小幡正敏・叶堂隆三訳『再帰的近代化』而立書房、一九九七年、一一頁〕.

(15) ウルリヒ・ベック（東廉・伊藤美登里訳）『危険社会』法政大学出版局、一九八八年。

(16) Paul J. DiMaggio & Walter W. Powell, "The Iron Cage Revisited: Institutional Isomorphism and Collective Rationality in Organizational Fields," Walter W. Powell & Paul J. DiMaggio (eds.), *The New Institutionalism in Organizational Analysis*, The University of Chicago Press, Chicago 1991, pp.63-82.

(17) M. Weber, *Die protestantische Ethik*, *op. cit.*, p.165〔邦訳、三六六頁〕.

(18) Norberto Bobbio, "Governo degli uomini o governo delle leggi," in id., *Il futuro della democrazia*, Einaudi, Torino 1984, pp.148-170.

(19) Id., *L'età dei diritti*, Einaudi, Torino 1990, pp.89-142.

(20) M. Weber, *Wirtschaft und Gesellschaft*, *op. cit.*, pp.160-166〔世良晃志郎訳『支配の諸類型』創文社、二〇〇六年、一三—三二頁〕.

(21) N. Bobbio, *Il futuro della democrazia*, *op. cit.*, p.152; Elizabeth Irwin, *Solon and Early Greek Poetry*, Cambridge University Press, Cambridge 2005, pp.83-198.

(22) ミシェル・フーコー（田村俶訳）『監獄の誕生』新潮社、一九七七年、一九八—二二八頁。

(23) 同（渡辺守章訳）『性の歴史I　知への意志』新潮社、一九八六年、一二〇—一二一頁。

(24) ダリオ・メロッシ（竹谷俊一訳）『社会統制の国家』彩流社、一九九二年、二八八―二九一頁。
(25)「生―政治」については、フーコーの著作のほか、以下を参照。ジョルジョ・アガンベン（高桑和巳・上村忠男訳）『ホモ・サケル』以文社、二〇〇三年、同（上村忠男・中村勝己訳）『例外状態』未來社、二〇〇七年、ロベルト・エスポジト（岡田温司訳）『近代政治の脱構築』講談社、二〇〇九年、金森修『〈生政治〉の哲学』ミネルヴァ書房、二〇一〇年。
(26) 長谷部恭男「法の支配が意味しないこと」『比較不能な価値の迷路』東京大学出版会、二〇〇〇年、一四九―一六二頁。
(27) ホアン・リンス（高橋進監訳）『全体主義体制と権威主義体制』法律文化社、一九九五年。
(28) N. Bobbio, *Il futuro della democrazia*, *op. cit.*, pp. 13-18.
(29) 河田潤一『比較政治と政治文化』ミネルヴァ書房、一九八九年、一二五―一五八頁、小林正弥『政治的恩顧主義論』東京大学出版会、二〇〇〇年、五九―二四四頁。
(30) Gabiriel A. Almond & Sidney Verba, *The Civic Culture*, Princeton University Press, Princeton 1963〔石川一雄訳『現代市民の政治文化』勁草書房、一九七四年〕.
(31) Simona Piattoni, *Clientelism, Interests, and Democratic Representation*, Cambridge University Press, Cambridge 2001; id., *Il clientelismo*, Carocci, Roma 2005; id., *Le virtù del clientelismo*, Laterza, Roma-Bari 2007; 河田潤一編著『汚職・腐敗・クライエンテリズムの政治学』ミネルヴァ書房、二〇〇八年。
(32) 小林昭三『首相公選論入門』成文堂、二〇〇一年、弘文堂編集部編『いま「首相公選」を考える』弘文堂、二〇〇一年、大石眞他編著『首相公選を考える』中央公論新社、二〇〇二年。
(33) Giovanni Sartori, *Homo videns*, Laterza, Roma-Bari 1999.
(34) George Ritzer, *Enchanting a Disenchanted World*, Pine Forge Press 2005〔山田徹夫・坂田恵美訳『消費

社会の魔術的体系』明石書店、二〇〇九年〕.

（35） Clifford Geertz, *Negara*, Princeton University Press, Princeton 1980〔小泉潤二訳『ヌガラ』みすず書房、一九九〇年〕.

（36） Mauro Calise, *Il partito personale*, Laterza, Roma-Bari 2010, p.44〔本書、五〇頁〕.

（37） Walter Lippmann, *Public Opinion*, Simon & Schuster, New York 1997 (the original edition published in 1922)〔掛川トミ子訳『世論　上・下』岩波書店、一九八七年〕.

（38） Id., *The Phantom Public*, Transaction Publishers, New Brunswick 2009 (the original edition published in 1925)〔河崎吉紀訳『幻の公衆』柏書房、二〇〇七年〕. リップマンはそれゆえ公共哲学の再構築を求めた。Id., *The Public Philosophy*, Transaction Publishers, New Brunswick 2010 (the original edition published in 1955).

（39） W. Lippmann, *The Phantom Public*, *op. cit.*, p.51〔邦訳、四三頁〕.

（40） John Dewey, *The Public and its Problems*, Swallow Press, Athens 1954, pp.15-16 (the original edition published in 1927)〔植木豊訳『公衆とその諸問題』ハーベスト社、二〇一〇年、二二―二三頁〕.

（41） Stuart Hall, *Encoding and Decoding in the Television Discourse*, Centre for Contemporary Cultural Studies, Birmingham 1973.

（42） Joseph A. Schumpeter, *Capitalism, Socialism and Democracy*, HaperPrennial, New York 1950, p.269〔中山伊知郎・東畑精一訳『資本主義・社会主義・民主主義　中』東京経済新報社、一九六二年、二七〇頁（ただし訳文は筆者による）〕.

（43） フリードリヒ・ニーチェ（木場深定訳）『道徳の系譜』岩波書店、一九九一年、三七頁。

（44） N. Bobbio, *Il futuro della democrazia*, *op. cit.*, pp.18-21.

(45) Walter Bagehot, *The English Constitution*, Cambridge University Press, Cambrdge 2001, pp.6-7〔小松春雄訳「イギリス憲政論」辻清明編『バジョット　ラスキ　マッキーヴァー』（世界の名著72）中央公論新社、一九九九年、六八―七一頁（ただし訳文は筆者による)〕.

(46) *Ibid.*, p.25〔邦訳、二七二頁〕.

(47) *Ibid.*, p.31〔邦訳、二八〇―二八一頁〕.

(48) *Ibid.*, p.57〔邦訳、一二一頁〕.

(49) *Ibid.*, p.30〔邦訳、二七九頁〕.

(50) Murray Edelman, *The Symbolic Uses of Politics*, University of Illinois Press, Urbana 1985, pp.3-4 (the first edition published in 1964)〔法貴良一訳『政治の象徴作用』中央大学出版部、一九九八年、四―五頁（ただし訳文は筆者による)〕.

(51) *Ibid.*, p.19〔邦訳、p.27〕.

(52) M. Weber, *Wirtschaft und Gesellschaft, op. cit*, pp.158-159〔『支配の諸類型』、前掲書、一〇―一一頁〕.

(53) *Ibid.*, p.181〔同前、七四頁〕.

(54) *Ibid.*, p.180〔同前、七二頁〕.

(55) フリードリッヒ・ニーチェ（吉沢伝三郎訳）『ツァラトゥストラ　上』筑摩書房、一九九三年、三一頁。

(56) M・ウェーバー（尾高邦雄訳）『職業としての学問』岩波書店、二〇一一年、五四―五五頁。

(57) M・ヴェーバー（大塚久雄・生松敬三訳）『宗教社会学論選』みすず書房、一九八四年、三九―五二頁。

(58) マリアンネ・ウェーバー（大久保和郎訳）『マックス・ウェーバー　II』みすず書房、一九六五年、二七一―二九九頁。

(59) Martin Green, *The von Richthofen Sisters*, University of New Mexico Press, Albuquerque 1988, pp. 166-

167〔塚本明子訳『リヒトホーフェン姉妹』みすず書房、二〇〇三年、二三四―二三五頁〕.
(60) 今野元『マックス・ヴェーバー』東京大学出版会、二〇〇七年、二一四頁。
(61) Arthur Mitzman, *The Iron Cage*, Transactin Books, New Brunswick 2005 (the original edition published in 1969)〔アーサー・ミッツマン(安藤英治訳)『鉄の檻』創文社、一九七五年〕.
(62) M・ウェーバー『宗教社会学論選』、前掲書、九九―一六三頁。
(63) 山折哲雄『愛欲の精神史1 性愛のインド』角川書店、二〇一〇年、一〇三―一五五頁。
(64) M. Werber, *Wirtschaft und Gesellschaft, op. cit.*, p.12〔清水幾太郎訳『社会学の根本概念』岩波書店、一九七二年、二八頁〕.
(65) 山之内靖『マックス・ヴェーバー入門』岩波書店、一九九七年、二二三頁。こうしたウェーバー解釈については、山之内靖『ニーチェとヴェーバー』未來社、一九九三年も参照。
(66) Wolfgang J. Mommsen, *Max Weber und die Deutsche Politik 1890–1920*, J. C. B. Mohr, Tübingen 1959.
(67) ヴォルフガング・モムゼン(安世舟・五十嵐一郎・田中浩訳)『マックス・ヴェーバーとドイツ政治1890〜1920 I』未來社、一九九三年、三六七頁。雀部幸隆は、こうしたウェーバー像をアングロ・アメリカン的な「自然法的民主主義論」を自明とする立場からの偏向した解釈として斥けるとともに、ウェーバーを公共善の政治哲学者と再定義しようとするが、いささか牽強付会の感を免れない。雀部幸隆『公共善の政治学』未來社、二〇〇七年。
(68) M. Weber, *Wirtschaft und Gesellschaft, op. cit.*, p.199〔『支配の諸類型』、前掲書、一四〇頁〕.
(69) Luciano Cavalli, *Il capo carismatico*, Il Mulino, Bologna 1981, pp.185–243.
(70) Charles Lindholm, *Charisma*, Blackwell, Oxford 1993, p.7〔森下伸也訳『カリスマ』新曜社、一九九二年、一〇頁〕。

(71) M. Weber, *Wirtschaft und Gesellschaft, op. cit.*, p. 182〔『支配の諸類型』、前掲書、八〇頁〕.

(72) Daniel J. Boorstin, *The Image*, Vintage Books, New York 1992, pp. 45–76 (the first edition published in 1942)〔星野郁美・後藤和彦訳『幻影の時代』東京創元社、二〇〇二年、五五―八七頁〕.

(73) Pier Paolo Portinaro, "Personalismo senza carisma," introduzione a Günter Roth, *Potere personale e clientelismo*, Einaudi, Torino 1990, pp. XVI–XVIII.

(74) ジークムント・フロイト（中山元訳）『幻想の未来／文化への不満』光文社、二〇〇七年、一〇頁。

(75) ギュスターヴ・ル・ボン（櫻井成夫訳）『群衆心理』講談社、二〇一一年、一五〇頁。

(76) エミール・デュルケム（古野清人訳）『宗教生活の原初形態　上』岩波書店、一九九一年、三八〇頁。

(77) C. Lindholm, *op. cit.*, p. 176〔邦訳、三三二―三三三頁〕. なお現代の消費主義の問題については以下も参照。Colin Campbell, *The Romantic Ethic and the Spirit of Modern Consumerism*, Blackwell, Oxford 1987; Daniel Miller, *The Dialectics of Shopping*, The University of Chicago Press, Chicago 2001.

(78) Jean Lipman-Blumen, *The Allure of Toxic Leaders*, Oxford University Press, Oxford 2005.

(79) エルンスト・カントーロヴィッチ（小林公訳）『皇帝フリードリヒ二世』中央公論新社、二〇一一年。

(80) アラン・ブーロー（藤田朋久訳）『カントロヴィッチ』みすず書房、一九九三年。

(81) Ernst H. Kantorowitcz, *The King's Two Bodies*, Princeton University Press, Princeton 1997 (the first edition published in 1957)〔小林公訳『王の二つの身体　上・下』筑摩書房、二〇〇三年〕.

(82) *Ibid.*, p. 8〔邦訳上、二八頁〕.

(83) *Ibid.*, p. 13〔邦訳上、三六頁〕.

(84) Carl Schmitt, *Poltische Theologie*, Duncker & Humblot, Berlin 2009, p. 13〔田中浩・原田武雄訳『政治神学』未來社、一九七四年、一一頁〕.

(85) *Ibid.*, pp.59-70〔邦訳、六九―八七頁〕.
(86) M. Calise, *op. cit.*, pp.112-113〔本書、一二九―一三〇頁〕.

訳者あとがき

本書は Mauro Calise, *Il partito personale. I due corpi del leader*, Laterza, Roma-Bari 2010, **Nuova edizione ampliata** の日本語訳である。緒言にもあるように、本書は二〇〇〇年に刊行された旧版の内容をほぼそのまま踏襲したものである（それが第I部と第II部である）。だが、この改訂増補版では、その後のイタリア政治の推移を踏まえて新たに序論と第III部が書き加えられている。

ただし訳出にあたっては日本の読者の便宜を図るため、文意を円滑に理解するうえで不可欠と考えられる説明は、著者の諒解のもとに訳者の判断によって本文中で補うことにした（たとえば一九九三年の新選挙法「マッタレルム」やモーツァルトの歌劇ドン・ジョヴァンニに登場する「石の招待客」などについての説明）。また本書にはない地図を巻頭に、索引、政党連合変遷図、選挙地図、政党略語一覧からなる資料を巻末に付け加えた。さらに読者のみなさんにも、より大きな展望のもとで本書を理解していただきたいとの願いから訳者解題も用意することにした。みなさんの理解に資するものとなれば望外の喜びである。

さて本書の原題を直訳するならば『パーソナル・パーティ——指導者の二つの身体』となる。

パーソナル・パーティの真意は本文を読めば一目瞭然である。だが、いらぬ誤解を避けるに如くはなしと判断して原題に拘泥するのは諦め、邦訳の題名は『政党支配の終焉—カリスマなき指導者の時代』とした。

昨今の政治情勢からすると、この題名の選択には訳者の時代認識ないし価値判断が込められていると早合点をする向きもあるやに思われる。しかし訳者の立場はそれとは正反対のところにある。ならば、なぜこの題名を選ぶのか。それが現状をめぐる妥当な事実判断だと考えるからである。ウェーバーにならって、タキトゥスの言葉を用いるならば、現実に起こっていることである以上、「好き嫌いを離れて」(sine ira et studio) 見ていかなければならない。たとえ嫌なことでも、あらかじめ頭のなかで組み立てた理屈によって見ることを拒否してはならないのである。いかなる現状批判であれ、その前に冷徹な事実認識が必要となる。こうした理由により標記の題名を選ぶことにした。

本書の著者マウロ・カリーゼは、一九五一年にイタリアのナポリに生まれた。現在はナポリ・フェデリーコ二世大学社会学部教授として政治学の教鞭を執っている。奇しくもナポリ大学は、カントロヴィッチが一九二七年に浩瀚な記念碑的評伝を物することになる、「世界の驚異」(stupor mundi) と呼ばれた稀代の開明的専制君主ホーエンシュタウフェン家の神聖ローマ皇帝フリードリヒ二世（一一九四—一二五〇年）により、世界初の国立大学として一二二四年に創立された（フリードリヒはイタリア語ではフェデリーコという)。

マウロ・カリーゼは、国際政治学会副会長(二〇〇二―二〇〇三年)、イタリア政治学会会長(二〇〇八―二〇一〇年)をはじめとして、コーネル大学客員教授、パリ政治学院客員教授、ハーヴァード大学客員研究員を務めるなど精力的な学界活動を展開するかたわら、ナポリの有力日刊紙『マッティーナ』にも定期的に寄稿し政治評論の分野においても活躍している。

また、コンピューター・テクノロジーを駆使した教育研究システムである E-learning や E-research にも造詣が深く、ナポリ大学では Federica (Federico II Open Courseware Portal, www.federica.unina.it) の共同開発責任者となり、コーネル大学のセオドア・ローウィ教授とともにインターネット・サイト (www.hyperpolitics.net) を用いたインターラクティヴな政治学概念に関する辞書『ハイパーポリテックス』(Hyoerpolitics) を二〇一〇年に刊行した。現在も国際政治学会で Web Portal for Electronic Sources の部会長を務めている。その著作、論文、論説などはすべて彼の公式サイト (www.maurocalise.it) で読むことができる。

さらに著者のマウロ・カリーゼについて付言するならば、ロマーノ・プローディが一九九五年に始めた中道左派連合「オリーヴの木」の創立メンバーの一人でもあり、ナポリ市長、労働大臣、カンパーニア州知事を歴任した旧共産党出身の中道左派の有力政治家アントニオ・バッソリーノのブレーンとしても知られている。

ところがバッソリーノは、二〇〇八年にナポリのゴミ処理問題に関連して収賄容疑で司法当局から訴追を受ける。そのため中道左派の指導者たちは辞職を要求し、これを拒むバッソリーノと激しく対立した。バッソリーノの政治家としての対話能力と発信力を高く評価するカリーゼは、こうした中道左派の指導者たちの姿勢を厳しく批判する。それはイタリア社会にいまだに根強く残る南部の政治文化に対するステレオタイプ化された偏見（腐敗と組織犯罪が蔓延する南部）を無批判のまま機械的に反復したものにすぎないからだという。

それだけではない。カリーゼは、そうした南部に対するいわれなき偏見に屈したせいで、中道左派は政治戦略上の重大な過ちを犯すことになったのだとする。もはや南部に支持基盤を求めようとしなくなったからである。そのためバッソリーノたちのような南部を拠点とする地方政治家の地道な努力の積み重ねによって、せっかくこの地域に築かれようとしていた中道左派の政治的基盤が、市民文化の欠如を唯一の口実として、いとも簡単に放棄されてしまったのだという。

カリーゼはべつに腐敗や犯罪に眼をつぶれといっているわけではない。そうではなくてそれをもたらした現実の方をしっかりと見よといっているのだ。貧困と停滞の悪循環に陥った地域において、ともすれば腐敗や犯罪と紙一重の日常生活を余儀なくされ、困窮と失業に喘いでいる市民に対しても、排除ではなく包摂の回路を開かなければならない。また、そうした制約のなかから彼らなりに選択した政治的表現（ポピュリズム）についても、いたずらに衆愚扱いして切って捨てるのではなく、その理由を公平な観点から理解するように努めなければならない。そういっているだけなのである。国際的に活躍するだけではなく、ナポリという混沌をきわめる都市に暮らしつづける政治学者ならではの卓見といえよう。また、そうした見解は本書でも随所に示されている。

マウロ・カリーゼの主要な著作は次のとおりである。

Hyperpolitics. An Interactive Dictionary of Political Science, The University of Chicago Press, Chicago 2010, with Theodore J. Lowi〔セオドア・ローウィとの共編著『ハイパーポリテックス——政治学インターラクティヴ辞典』〕

Il partito personale. I due corpi del leader, Laterza, Roma-Bari 2010, La nuova edizione ampliata〔本書〕

La Terza Repubblica. Partiti contro Presidenti, Laterza, Roma-Bari 2006〔『第三共和制——大統領対政党』〕

Il partito personale, Laterza, Roma-Bari 2000〔『パーソナル・パーティ』旧版〕

La scienza delle politiche, Il Mulino, Bologna 1999, edited with Theodore J. Lowi〔セオドア・ローウィとの共編著『政策学』〕

La costituzione silenziosa. Geografia dei nuovi poteri, Laterza, Roma-Bari 1998〔『暗黙のうちに変わりゆく憲法——新たな権力の地理学』〕

Dopo la partitocrazia. L'Italia tra modelli e realtà, Einaudi, Torino 1994〔『政党支配体制以後——モデルと現実のあいだのイタリア』〕

Come cambiano i partiti, Il Mulino, Bologna 1992, editor〔編著『政党はいかに変わるか』〕

Governo di partito. Antecedenti e conseguenze in America, Il Mulino, Bologna 1989〔『政党の政府——アメリカにおける先例とその後』〕

Governanti in Italia. Un trentennio repubblicano, 1946–1976, Il Mulino, Bologna 1982, co-author with Renato Mannheimer〔レナート・マンナイメルとの共著『イタリアの統治者——共和国の三〇年、一九四六—一九七六年』〕

Il sistema DC. Mediazione e conflitto nelle campagne democristiane, De Donato, Bari 1978〔『キリスト教民主党システム——キリスト教民主党が支配する農村における調停と紛争』〕

いうまでもなくマウロ・カリーゼには数多くの論文があるが、英語で読むことができるものとして、さしあたり次の論文だけをあげておくことにしよう。

"Presidentialization, Italian Style," in T. Poguntke & P. D. Webb (eds.), *The Presidentialization of Politics: Comparative Study of Modern Democracies*, Oxford University Press, Oxford, 2005, pp.88–106.

また彼のE-learningやE-researchに関心がある向きには、次の論文を紹介しておきたい。

"E-research: an Introduction to Political Science Electronic Sources for Beginners (and Skeptics)," (with Rosanna De Rosa), *International Political Science Review*, vol. 29, no. 5, 2008, pp. 595–618.

主要業績を一瞥するだけで明らかだが、マウロ・カリーゼの最大の功績は政党の研究にある。

彼の研究の出発点はイタリア南部、カンパーニア州の農村におけるキリスト教民主党の支配システムの確立過程に関する実証的な社会学的分析であった。彼が比較政治学的な政党研究へと大きく視野を広げたのは、一九七八—一九七九年にハーヴァード大学ヨーロッパ研究センター、一九八四年にコーネル大学西欧社会研究所に客員研究員として滞在したことがきっかけである。その成果は一九八九年に『政党の政府』となって結実した。彼の最大の発見は、政党支配体制がキリスト教民主党による一党優位政党システムの確立したイタリアだけに見られる現象ではなく、じつはアメリカ合衆国においてすでに確立をみていたという歴史的な事実である。

もちろん、本書でも言及されているローウィの『パーソナル・プレジデント』(一九八五年)が明らかにしているように、ローズヴェルト大統領の出現とニューディール政策の導入によって大統領権限が大きく拡大されたため、アメリカにおける政党支配体制は終わってしまう。それ以降のアメリカは「人格化された大統領制《パーソナル・プレジデント》」を持つ「人民投票的共和国《プレビシタリー・レパブリック》」に変質してしまったのである。それに対する処方箋は政党の強化と複数政党制の復活以外にない。こうしたローウィの「政治の人格化」がもたらす病理に対する批判的な視点をカリーゼも共有した。ローウィとの出会いはカリーゼに決定的な影響を与えたのである。

一九九〇年代のイアリアでは、マリオ・セーニが中心となって政党支配体制を全面的に批判し、国民投票により小選挙区制を導入することで英国流の二大政党制すなわちウェストミンスター・モデルの樹立を求める政治改革運動が、一世を風靡した。カリーゼはこうした運動に対しても当初より懐疑的な姿勢を示していた。

一九九四年の『政党支配体制以後』には、そうしたカリーゼの視点が明瞭に示されている。カリーゼは、政党支配体制が現代の民主主義体制を成立させるための基本的条件だと考える。高度に工業化され複雑となった現代社会では、大衆政党による利益の組織化なくして民主主義は機能しないからである。ただ、長期にわたる政権の独占により、政権与党が国家行政機構と癒着したため、市民社会をも巻き込む深刻な腐敗構造が生みだされたことは紛れもない事実である。それにもかかわらず、カリーゼは、選挙制度改革による政党システムの転換だけでは政党支配体制を変えることはできないとする。政党支配制度は、たんに「政府の形態」だけではなく「国家の形態」にまで及ぶからだ。よしんば選挙制度改革で政府の形態が二大政党制に変わったとしても、国家の形態が変わるわけではない。カリーゼは豊富な比較政治学の知見にもとづいて政治改革の切り札と見なされていたウェストミンスター・モデルの安易な適用を厳しく戒めていた。だが、真剣に彼の意見に耳を貸そうとするものはいなかったのである。

したがってカリーゼは、イタリアにおける選挙制度改革以降の政治状況についてもきわめてペシミスティックである。アイロニカルといってよいかもしれない。まさに近著の題名『第三共和制』（二〇〇六年）がそれを物語っている。

第一共和制とは、ファシズム体制の崩壊後、共和国となったイタリアで、キリスト教民主党が終始一貫して政権の座に就く一方、万年野党の共産党が強力な地域的大衆基盤を整えることで対抗権力を築きあげ、そこから政治的膠着状態が生じることになった不完全な二大政党制の時代であった。与党であれ野党であれ市民社会の隅々まで政党が浸透した政党支配体制の時代であった。そして小選挙区比例代表並立制という新たな選挙制度の下で実施された一九九四年の総選挙で、キリスト教民主党をはじめとする伝統的諸政党はことごとく敗退し、いち早く党名を左翼民主党に変えてかろうじて生き残った共産党も含め、それまでの宗教やイデオロギーといった主義主張を掲げた党名を持つ政党はすべて消滅した。そこに颯爽と登場したのが騎士《カヴァリエーレ》シルヴィオ・ベルルスコーニだったのである。

こうして第二共和制へと移行する。だが、いつまでたっても着地点の見えない永遠の過渡期となってしまった。政権交代はなされたが、英国流の二大政党制が生まれたからではない。フランス型大統領制を導入するという声もあったが、実現の兆しすらない。イタリア国民の生命を賭した生体実験の中から誕生したのは、ベルルスコーニというモンスターだった。

そうしたことから、カリーゼは英国流の二大政党制を永遠の目標とする第二共和制は終わってしまったと考える。第三共和制、すなわちイタリア版大統領制がすでに始まっていると見るのである（詳細は先述の英語論文を参照）。あくまでも事実上のという限定を付けなければならないが、執行権の自律化と州知事や市長などの直接選挙の拡大が進んでいったことから、政党は弱体化し議会の正統性も失われてしまった。いいかえると当初目標とされた議会制的な二大政党制ではなく、擬似大統領制的な二大陣営制が成立したのだという。陣営（polo）とは小選挙区制に対応するために便宜的に締結された複数の政党間の合従連衡にもとづく選挙カルテルのことを指す。しかもそれを構成する政党は、すべて本書にいうパーソナル・パーティである。いかにそれが統治能力を欠く脆弱なものかは火を見るよりも明らかだ。そして、それにもまして重大な帰結は、あのベルルスコーニが事実上の大統領となってしまったことである。

カリーゼの研究を紹介すると称して、ついついあまりにもたくさんのことを書いてしまった。これ以上読者の喜びを奪ってしまわないためにも、本書の種明かしをするのは、もうこのあたりで、おしまいにすることにしよう。

最後になるが、法政大学出版局の奥田のぞみさんには一方ならぬお世話になった。こんな小さな本の翻訳なのに、原稿はおろか初校のみならず再校でも、ここの所の意味がよくわかりませんと黒鉛筆で書き込まれているのを発見するたびに心臓が止まるような思いをしたのも、今となれば苦しかったけれど楽しい思い出である。ほんとうに素晴らしい編集者とめぐり合ったものだと、一抹のほろ苦さを噛みしめつつも、心から喜んでいる次第である。奥田のぞみさんという最良の編集者にして最良の読者を得たことに心からの謝意を表したい。

二〇一二年聖五月

村上信一郎

Rete　Il Movimento per la Democrazia La rete（1991–1994）　民主主義運動のネットワーク
シチリアの反マフィア運動の指導者レオルーカ・オルランドがキリスト教民主党を離党して設立した中道左派小政党。

RI　Rinnovamento Italiano（1996–2002）　イタリアの革新
元首相ランベルト・ディーニが結成した中道左派小政党。解散後，DL に合流。

SDI　Socialisti Democratici Italiani（1998–2007）　イタリア民主社会主義者
旧社会党の中道左派が結成。2005–6 年には「握り拳の薔薇」Rosa nel Pugno をスローガンに急進化して反教権主義・世俗主義路線をとるも挫折，解党。

SVP　Südtiroler Volkspartei（1945–）　南チロル人民党
ボルツァーノ自治県のドイツ語・ラディン語話者からなる少数民族政党。

UDC　Unione dei Democratici Cristiani e di Centro（2002–2011）　キリスト教民主主義者中道連合
指導者はピエル・フェルディナンド・カジーニ。旧キリスト教民主党の中道右派 CCD，CDU，DE が連合して結成。

UdC　Unione di Centro　中道連合（2008–）
ピエル・フェルディナンド・カジーニが 2008 年総選挙に向けて中道勢力の再結集を目的として結成。2012 年度中に正式の結党大会の予定。

UDEUR　Unione Democratici per L'Europa-Popolari per il Sud（1999–）　欧州のための民主主義者・南部のための人民党員連合
旧キリスト教民主党のクレメンテ・マステッラが結成した中道左派小政党。

Verdi　Federazione dei Verdi（1990–）　緑の党連盟
環境主義と平和主義を掲げる政党。

イタリア第2共和制の政党略語一覧

NPSI　Nuovo Partito Socialista Italiano（2001–2009）　新イタリア社会党
旧社会党の中道右派が結成，解党後はベルルスコーニの自由の家 Casa della Libertà に合流。

PD　Partito Democratico（2007–）　民主党
社会民主主義・社会的キリスト教・進歩主義・改良主義を党是に旧共産党 DS と旧キリスト教民主党 DL の改良派が大同団結して結成した中道左派統一政党。ルイジ・ベルサーニ書記長。

PdL　Popolo della Libertà（2009–）　自由の人民
シルヴィオ・ベルルスコーニの FI とジャンフランコ・フィーニの AN が大同団結して結成した中道右派統一政党。ベルルスコーニ総裁。

PDS　Partito Democratico di Sinistra（1991–1998）　左翼民主党
アキッレ・オッケット書記長の下で共産党から転換。1998 年からは DS となる。

PPI　Partito Popolare Italiano（1994–2002）　イタリア人民党
キリスト教民主党の後継政党，分裂を繰り返した後，DL に合流。

PRC　Partito Rifondazione Comunista（1991–）　共産党再建党
かつての指導者はファウスト・ベルティノッティとアルマンド・コッスッタだったが 1998 年に後者が党を割った。共産党の再建を求めるマルクス主義小政党。

PdCI　Partito dei Comunisti Italiani（1998–）　イタリア共産主義者党
共産党再建党を離党したかつての親ソ派共産党員アルマンド・コッスッタが設立したマルクス主義小政党。

RnP　Rosa nel Pugno（2005–06）　握り拳に薔薇
SDI と PR が連携して結成した急進的小政党。

Partito Democratico に合流。

DS　Democratici di Sinistra（1998–2007）　左翼民主派
指導者はマッシモ・ダレーマ，ヴァルテル・ヴェルトローニ，ピエーロ・ファッシーノ。1998 年に PDS から転換。2007 年に解散して PD に合流。

FI　Forza Italia（1994–2009）　フォルツァ・イタリア（がんばれイタリア，応援のかけごえ）
シルヴィオ・ベルルスコーニの個人所有的・民間企業型・包括政党。

I Democratici（1999–2002）　民主主義者
ロマーノ・プローディがオリーヴの木の継続を唱えてアメリカの民主党をモデルに結成。DL に合流。

IdV　Italia dei Varori（1998–）　価値あるイタリア
賄賂都市《タンジェントーポリ》疑惑の摘発で活躍した元検事アントニオ・ディ・ピエートロが率いる小政党。

LN　Lega Nord（1992–）　北部同盟
ウンベルト・ボッシが率いるカリスマ支配的・地域主義・大衆組織政党。

L'Ulivo（1995–2007）　オリーヴの木
ロマーノ・プローディが結成した中道左派連合。PD に発展的解消。

MpA　Movimento per le Autonomie（2005–）　自治のための運動
南部自治を要求する地域小政党。

MS-FT　Movimento Sociale-Fiamma Tricolore（1995–）　炎と三色旗・社会運動
ピーノ・ラウーティが国民同盟によるイタリア社会運動の保守穏健化に反対して結成した極右政党。

イタリア第2共和制の政党略語一覧（アルファベット順・太字は主要政党）

AD　Alleanza Democratica（1993–1997）　民主同盟
政治改革を求める知識人・文化人小政党。

AN　Alleanza Nazionale（2004–2009）　国民同盟
ジャンフランコ・フィーニ総裁。前身は極右ネオ・ファシストのイタリア社会運動 Movimento Sociale Italiano だが保守政党化する。

AS　Alternativa Sociale（2003–2006）　社会的代替
アレッサンドラ・ムッソリーニが率いる極右ネオ・ファシスト小政党。

CCD　Centro Cristiano Democratico（1994–2002）　キリスト教民主センター
旧キリスト教民主党のピエル・フェルディナンド・カジーニが結成した中道右派小政党，解散後 UDC に合流。

CdL　Casa della Libertà（2000–2008）　自由の家
シルヴィオ・ベルルスコーニが率いた中道右派連合。FI，AN，LN が参加。

CDU　Cristiani Democratici Uniti（1995–2002）　統一キリスト教民主主義者
旧キリスト教民主党ロッコ・ブッティリオーネが結成した中道右派小政党，解散後 UDC に合流。

DE　Democrazia Europea（2001–2002）　欧州民主主義
キリスト教民主党系労組指導者セルジョ・ダントーニが結成，解散後 UDC に合流。

DL　Demorazia è Libertà /Margherita（2002–2007）　民主主義は自由／マルゲリータ
指導者はロマーノ・プローディ。旧キリスト教民主党 Democrazia Cristiana 左派と自由主義左派，オリーヴの木 Ulivo 中道左派連合を継承，解散して民主党

2001	5月13日総選挙，自由の家が勝利。6月11日第2次ベルルスコーニ政権（フォルツァ・イタリア・国民同盟・北部同盟の連立）。7月20–22日ジェノヴァ・サミット，反グローバリズム抗議デモで，1名射殺。10月7日国民投票により憲法改正（州自治権拡大）承認。
2002	3月24日DLマルゲリータ結成（プローディの民主派とPPIが合同）。12月6日旧キリスト教民主党系中道右派CCDとCDUが合同しUDCを結成。
2005	4月23日第3次ベルルスコーニ政権（与党連合内紛後再組閣）。10月16日予備選挙によりプローディが中道左派連合ウニオーネの首相候補。12月14日多数派プレミアム付比例代表制に選挙法再改正(ポルチェルム法)。
2006	4月9–10日総選挙，ウニオーネが僅差の勝利。5月17日第2次プローディ政権。5月10日左翼民主主義者（旧共産党）のナポリターノが大統領に選出。6月25–26日国民投票により憲法改正（連邦国家化＝デヴォルーションと首相権限の強化）否決。
2007	10月14日民主党結成・予備選挙でヴェルトローニを党首・次期首相候補に選出。12月9–10日虹の左翼（PRC PdCI Verdi）結成。
2008	1月24日上院で不信任案可決によりプローディ政権総辞職。2月6日議会解散。2月27日自由の人民（フォルツァ・イタリアと国民同盟の連合政党）結成。4月13–14日総選挙，中道右派陣営の勝利。5月8日第4次ベルルスコーニ政権。
2009	3月27–29日中道右派統一政党・自由の人民が正式に発足。5月–7月ベルルスコーニの未成年淫行・買春疑惑が相次いで発覚。
2010	10月5日フィーニ与党多数派離脱，イタリアのための未来と自由結成。
2011	6月12–13日国民投票により原発再開凍結。11月4日イタリアに欧州金融危機が波及（10年物国債利回り6.4%に上昇）。11月8日ベルルスコーニ辞意表明。11月16日ナポリターノ大統領の指名により元欧州委員モンティ専門家政権。

略年表（イタリア第2共和制）

1991年	1月31日－2月4日共産党第20回大会・左翼民主党結成。反対派は共産党再建党に。2月8–9日北部同盟結成大会。
1992	2月7日マーストリヒト条約調印。2月17日ミラノ地検「清潔な手」作戦・構造汚職「賄賂都市」摘発の開始。5月23日ファルコーネ判事，7月19日ボルセッリーノ判事マフィアにより爆殺。9月17日リラ暴落によりイタリアは欧州通貨制度・為替相場メカニズムから離脱。
1993	3月25日県知事・市長を直接選挙とする地方選挙法改正。4月18–19日国民投票により上院選挙法改正（比例代表制廃止）決定。4月22日賄賂都市疑惑により第1次アマート政権総辞職。4月28日スカルファロ大統領の指名でイタリア銀行総裁チャンピ専門家政権。6月・11–12月「市長の春」中道左派系市長の大量当選。8月3日小選挙区比例代表並立制に選挙法改正（マッタレルム法）。
1994	1月22日キリスト教民主党解党・イタリア人民党結成。右派はCCD結成。1月26日ベルルスコーニの政界出馬宣言。2月6日ベルルスコーニがフォルツァ・イタリア結成。3月27–28総選挙，中道右派連合勝利。5月11日第1次ベルルスコーニ政権。12月22日第1次ベルルスコーニ政権総辞職。
1995	1月17日ディーニ専門家政権発足。1月27日フィーニが国民同盟結成。2月13日プローディがオリーヴの木を提唱。
1996	4月21日総選挙，オリーヴの木が勝利。5月17日第1次プローディ政権誕生。9月15日北部同盟，パダーニア共和国独立宣言。
1998	5月1日イタリアのユーロ参加承認。10月9日共産党再建党の閣外協力拒否によりプローディ政権不信任案可決。10月21日左翼民主党（旧共産党）書記長のダレーマ政権が発足。
1999	1月1日欧州単一通貨ユーロ導入。5月13日国庫省チャンピが大統領に選出。
2000	4月17日地方選挙敗北によりダレーマ政権総辞職，27日第2次アマート政権。

図 3　第 2 共和制の政治地図

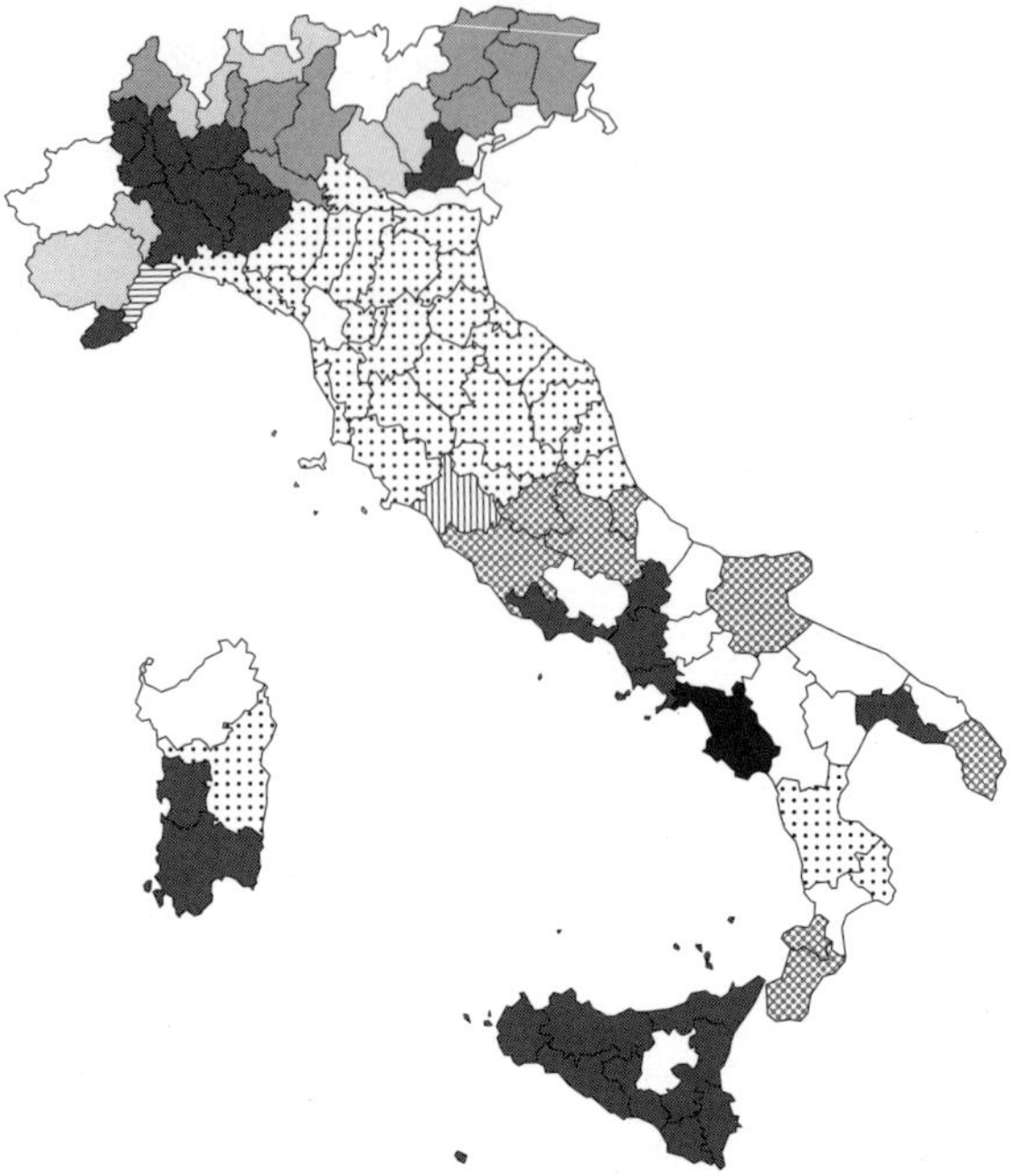

LN/FI
LN（圧倒的優位）
FI（圧倒的優位）
FI/ 左翼
左翼（圧倒的優位）
左翼 /AN
AN
AN/FI
中立

図 1 ～ 3 の出典：I. Diamanti, *Mappe dell' Italia politica*, Bologna, Il Mulino 2009, p.48, Fig.2.2, p.49, Fig.2.3, p.112, Fig.4.10.

図２　共産党の選挙地図（得票率分布）

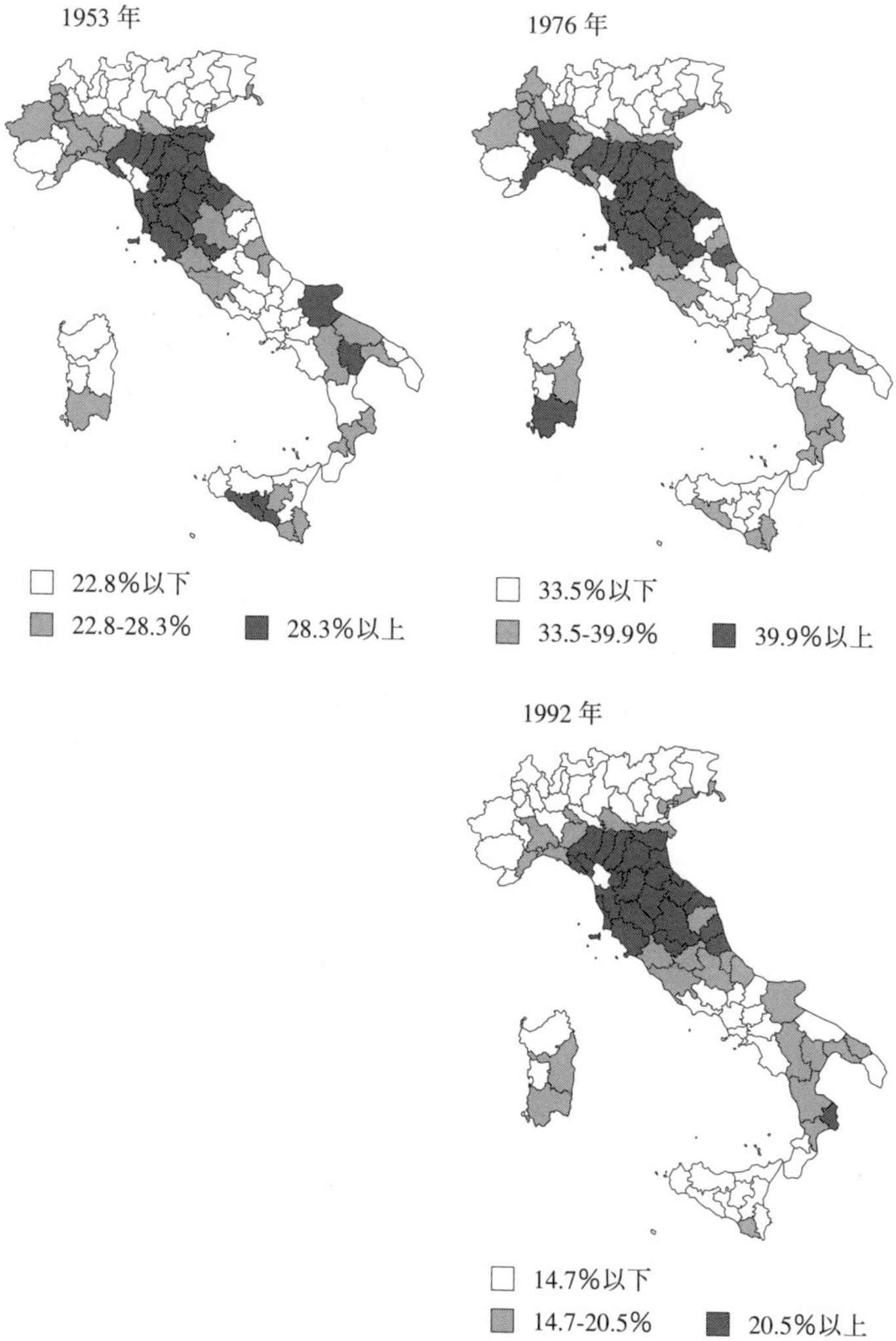

図1　キリスト教民主党の選挙地図（得票率分布）

1953年

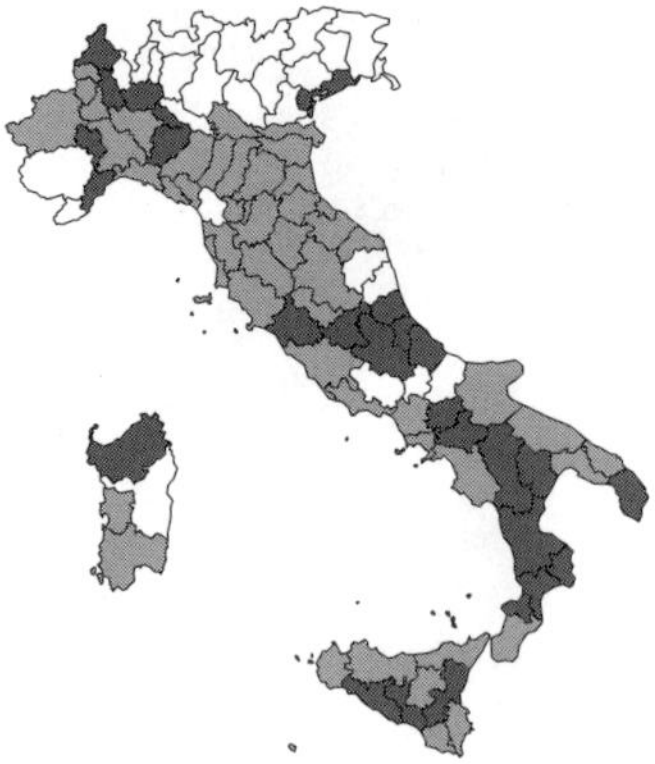

39%以下
39.0-44.4%
44.4%以上

1976年

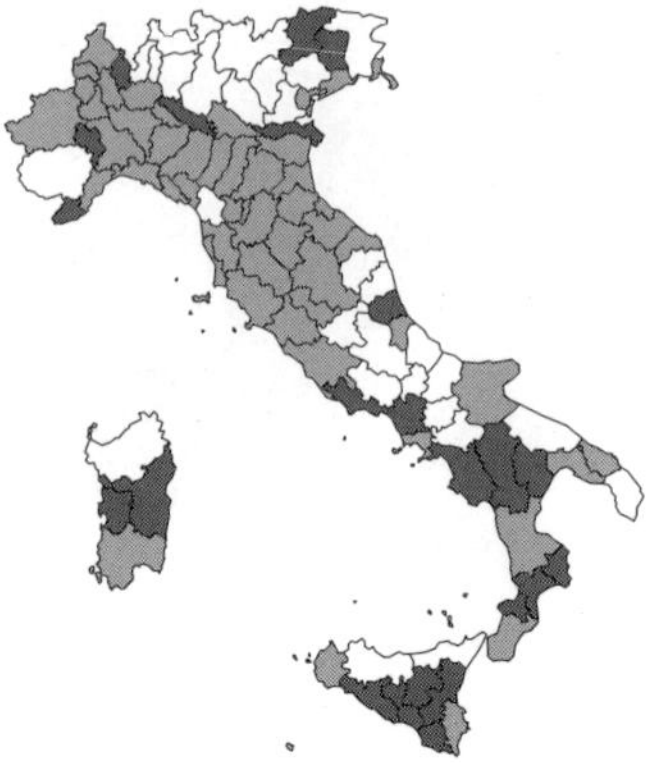

39.9%以下
39.9-45.1%
45.1%以上

1992年

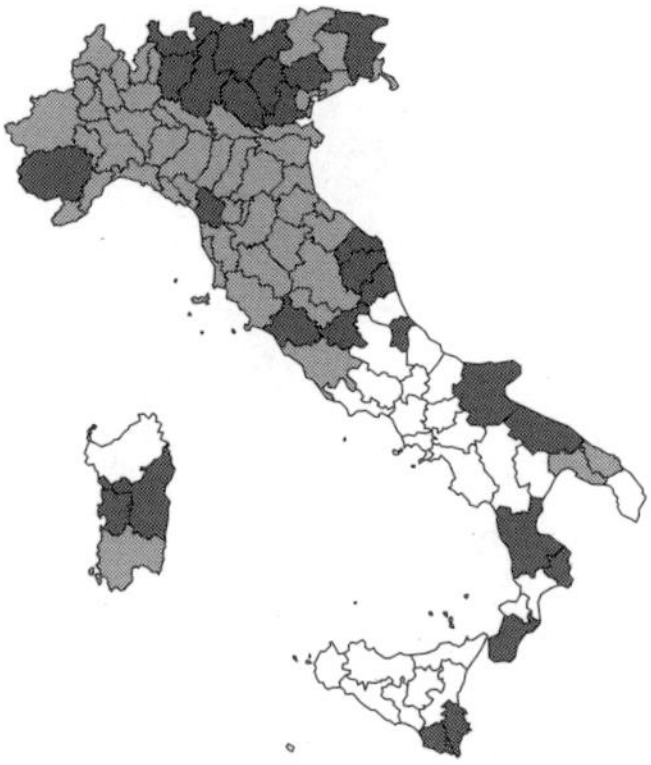

30.1%以下
30.1-37.2%
37.2%以上

政党連合変遷図（イタリア第２共和制 1994 年—2008 年）

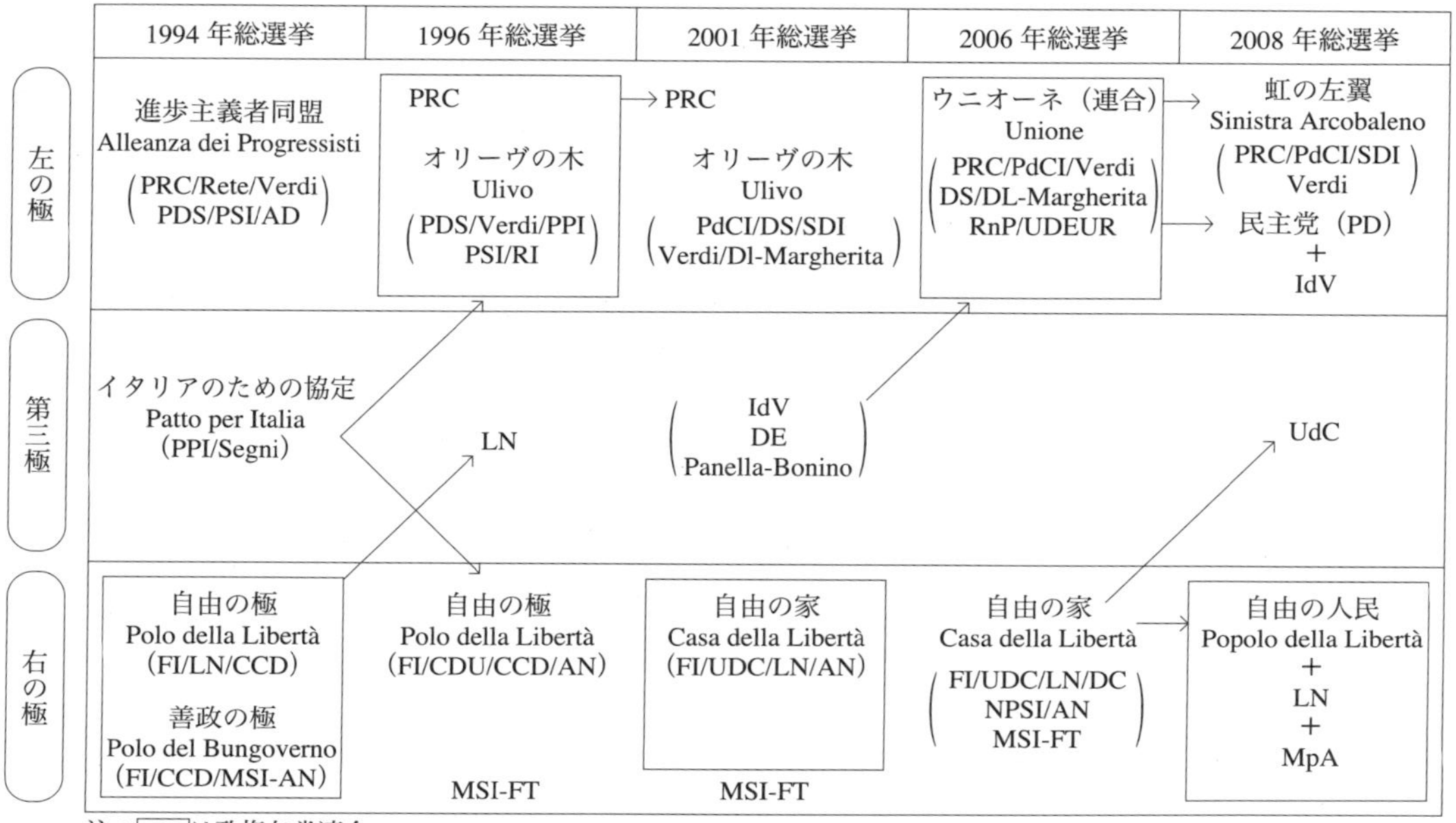

注：□は政権与党連合。
政党名は政党略語一覧を参照。
出典：M. Cotta & L. Verzichelli, *Political Institutions in Italy*, Oxford, Oxford University Press 2007, p.56, Fig.2 をもとに作成。

ヤ　行

ラ・ワ行

タ　行

ナ　行

索　引

サ　行

索　引

ア　行

著者紹介

マウロ・カリーゼ（Mauro Calise）
1951年ナポリに生まれる。現在，ナポリ・フェデリーコ二世大学・社会学部・教授（政治学）。国際政治学会副会長（2002-2003年），イタリア政治学会会長（2008-2010年），コーネル大学客員教授，パリ政治学院客員教授，ハーヴァード大学客員研究員等を歴任。ナポリの日刊紙『マッティーナ』に政治評論を定期的に寄稿。e-learning システムにも造詣が深く，ナポリ大学では Federica（Federico II Open Courseware Portal）を開発，またコーネル大学のセオドア・ローウィ教授とともにインターネット（www.hyperpolitics.net）を利用したインターラクティヴな政治学概念の辞書『ハイパーポリティックス』を2010年に刊行，現在は国際政治学会 Web Portal for Electronic Sources 部会長を務めている（著書はあとがきを参照）。
www.maurocalise.it

サピエンティア　**24**
政党支配の終焉
カリスマなき指導者の時代

2012年6月20日　初版第1刷発行

著　者　マウロ・カリーゼ
訳　者　村上信一郎
発行所　財団法人法政大学出版局
〒102-0073　東京都千代田区九段北3-2-7
電話 03(5214)5540／振替 00160-6-95814
製版・印刷：平文社　製本：ベル製本
装幀：奥定泰之

ISBN 978-4-588-60324-2　　Printed in Japan

訳者紹介

村上 信一郎（むらかみ しんいちろう）
1948年神戸に生まれる。現在，神戸市外国語大学・外国語学部・国際関係学科・教授（国際政治史）。神戸大学大学院法学研究科博士課程修了（法学博士）。イタリア政府招聘留学生としてローマ大学に留学。コーネル大学客員研究員，フィレンツェ大学客員研究員を歴任。主著『権威と服従—カトリック政党とファシズム』（名古屋大学出版会，1989年）。共著には『戦士の革命・生産者の国家—イタリア・ファシズム』（太陽出版，1985年），『1848- 国家装置と民衆』（ミネルヴァ書房，1985年），『比較政治の分析枠組』（ミネルヴァ書房，1986年），『現代政治学入門』（ミネルヴァ書房，1992年），『ヨーロッパ統合と文化・民族問題』（人文書院，1995年），『政党派閥』（ミネルヴァ書房，1996年），『イタリアの政治』（早稲田大学出版部，1999年），『三つのデモクラシー』（岩波書店，2002年），『EUのなかの国民国家』（早稲田大学出版部，2003年），『日本社会党』（日本経済評論社，2003年），『幻影のローマ』（青木書店，2006年），『民主党政権は何をなすべきか』（岩波書店，2010年）。訳書にはR. デ・フェリーチェ『ファシズムを語る』（ミネルヴァ書房，1979年），A. パーネビアンコ『政党』（ミネルヴァ書房，2005年），S. コラリーツィ『イタリア20世紀史』（名古屋大学出版会，2010年）。